청소년을 위한 독서치료 ❷

국립중앙도서관 출시도서목록(CIP)

청소년을 위한 독서치료. 2 / 저자: 임성관, 김은하, 이연실,
이환주. -- 서울 : 시간의물레, 2014
  p. ;   cm. -- (대상별 독서치료 시리즈 ; 3)

권말부록 수록
ISBN 978-89-6511-096-5 94020 : ₩28000
ISBN 978-89-6511-047-7 (세트) 94020

독서 치료[讀書治療]
청소년[靑少年]

029.4-KDC5
028-DDC21   CIP2014025595

대상별 독서치료 시리즈 3

청소년을 위한
독서치료·2

임성관·김은하·이연실·이환주

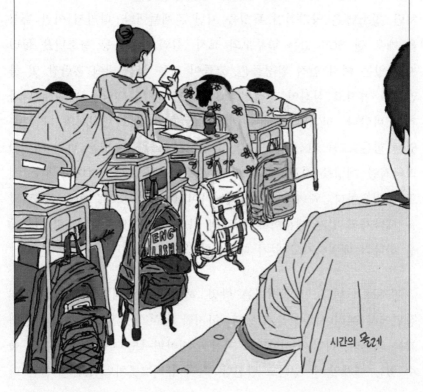

시간의 물레

들어가기

이 책을 선택해 읽는 분들에게는 '청소년'이라는 단어가 어떻게 다가오는지 궁금하다. 우리나라를 짊어지고 나갈 미래의 역군이기 때문에 꿈과 희망이라는 생각이 먼저 떠오르는지, 아니면 위기 상황의 중심에 놓여 있는 불안하기 그지없는 철부지로만 느껴지는지. 아마 대부분의 어른들에게는 이 두 가지 측면이 공존하지 않을까 싶은데, 이처럼 '청소년'은 양가적인 특성을 지닌 존재들이다. 따라서 이런 특성을 매우 잘 알고 있는 학부모와 교사, 심리치료사 등 청소년을 둘러싸고 있는 여러 인적 환경들은, 그들이 빠른 시간 내에 혼란감 및 불안감을 떨치고 심신이 안정된 상태에서 자신의 역량을 발휘해 나가기를 바란다. 하지만 결국 자신 스스로를 키우고 변화시켜 나갈 수 있는 힘은 그들 자신에게 있다. 그러므로 도울 수 있는 범위 내에서 적극적인 개입을 하는 것도 필요하겠으나, 믿음으로 기다려 주는 것 또한 필요하다. 왜냐하면 그들은 '아이'에서 '어른'으로 성장 및 발달을 해나가고 있기 때문이다. 학교와 사회에서 필요한 기술 및 덕목들을 하나씩 배워나가고 있기 때문이다.

필자는 15년 동안 독서라는 방법, 책이라는 매체를 중심으로 여러 장면에서 여러 사람들을 만났다. 하지만 독서가 만병통치약이라 말하지는 않는다. 다만 독서야말로 가장 안전하면서도 지속적인 도움을 줄 수 있는 매체일 수 있다고 말한다. 특히 유리그릇처럼 접근은 물론 다루기도 쉽지 않은 청소년들에게는 독서를 통합 접근이야말로 가장 큰 효과를 발휘할 수 있다고 생각한다.

이 책은 그동안 청소년과 함께 했던 여러 장면에서의 결과들을 모으기 위한 두 번째 시도이다. 마침 필자 주변에는 청소년들을 활발히 만나고 계신 유능한 치료사들이 많이 계셔서 그들과 함께 하는 작업을 계획했고, 덕분에 훨씬 풍성한 프로그램들을 선보일 수 있게 되었다. 그러면 총 네 개의 장으로 구성되어 있는 이 책의 각 장에는 어떤 내용이 담겨 있는지 간단히 소개해 드리고자 한다.

『청소년을 위한 독서치료』두 번째 권인 이 책의 구성은 다음과 같다. 첫 번째 만남은 '중학생의 자기성장을 돕기 위한 독서치료 프로그램'이다. 이 프로그램은 지역아동센터에서 진행이 된 것으로, 자신을 돌아보고 가치관 형성에 초점을 둔 자기성장에 목표를 두었다.

두 번째 만남은 '고등학생의 자신감 향상을 위한 독서치료 프로그램'으로, 그들에게 필요한 학습은 물론 생활 전반에 관한 동기와 자원을 찾는 것이 선행될 수 있도록 구성했다. 또한 주어진 환경을 재정립하고 성취에 도전하여 자신감을 얻을 수 있도록 돕는데 목표가 있다.

세 번째 만남은 '청소년의 자기성장을 돕기 위한 독서치료 프로그램'이다. 이 프로그램은 스스로의 힘도 부족하고 주변의 자원 또한 열악한 청소년들, 그래서 우울감을 갖고 있는 것은 물론이고 자아존중감도 낮으며, 관계능력과 학업 등에 이르기까지 여러 부분에서 어려움을 겪고 있는 청소년들이 스스로를 도울 수 있도록 돕기 위한 목표를 갖고 있다.

　네 번째 만남은 '다문화 청소년의 진로탐색을 위한 독서치료 프로그램'이다. 진로탐색은 청소년들을 대상으로 한 치료 장면에서도 자주 행해지는 목표인데, 이번 만남은 다문화 학교에 다니고 있는 학생들을 대상으로 했기 때문에 여타의 프로그램들과 차별성을 기한 부분이 많을 것이라 생각된다.

2014년 8월
연구소에서
임 성 관

시리즈 소개

청소년기에 대한 이해와 독서치료

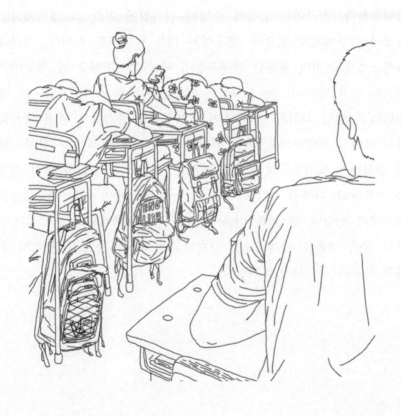

발달심리학은 한 인간이 엄마의 몸에 수정이 되었을 때부터 태어나 자라고, 결국 죽음에 이를 때까지의 발달 과정을 심리학적인 측면과 결부지어 연구하는 분야이다. 따라서 담고 있는 내용 자체가 매우 광범위하다. 최근에는 인간의 수명이 길어짐에 따라 그 영역에서도 확장이 이루어지고 있으니, 향후에는 더욱 방대해질 것이다. 그런데 다행스럽게도 이미 훌륭한 연구자들이 이론적인 체계를 잘 정립해서 제시해 주고 있는 바, 본 장에서는 새로운 이론을 제시하기보다는 '청소년기'의 발달 과업과 여러 측면의 특성들을 중심으로 관련 내용을 다시 모아서 정리하고자 한다. 왜냐하면 이 책에 담겨 있는 프로그램에 참여하는 참여자들의 상태를 이해할 수 있도록 돕고자 함이 가장 큰 이유이고, 더불어 각각의 책을 다시 들추어 봐야 하는 수고로움을 덜어주기 위함이 두 번째 이유이다. 그러니 부족하다고 느끼시거나, 보다 많은 내용을 체계적으로 살펴보고자 하시는 분들은 출처에 소개된 자료를 찾아보시기 바란다.

1. 청소년의 개념

17세기 이전까지 유럽에서는 '아동기'라는 개념이 없었다. 아동을 단지 작은 어른으로 생각하였고, 어른과 같은 욕구와 욕망을 가지고 있으며 어른과 같은 사악함과 미덕을 가지고 있다고 보았다. 그들은 어른보다 더 나은 보장을 받지 못하였으며, 어른과 같은 방식으로 옷을 입었고, 작업시간도 같았다. 잘못에 대해서도 어른과 동일한 벌을 받았는데, 도둑질을 하면 교수형을 당했고 잘하면 어른처럼 성공할 수 있었다.[1]

청소년기에 대한 개념은 이러한 아동기라는 개념보다 더 근래에 들어와서야 정립이 되었다. 어린이 및 성인과 구분되는 사회적 범주로 등장하게 된 때는 명확하게 규정되지는 않았지만 새로운 발명과 발견의 시대였던 18세기로 추정되며, 근세 유럽에서 시작되었다. 그러나 18~19세기의 서양 사회에서도 청소년에 대한 개념과 사회적 인식은 제대로 정립되지 않다가, 1890년과 1920년 사이에 수많은 심리학자, 도시 개혁자, 청년 사업가, 교육학자, 상담자들이 청소년의 개념을 창안하기 시작하였다.[2]

---

1) Aries, p. 1962. Centuries of Childhood : A Social History of Family Life. London : Jonathan. pp. 21~26.
2) 한윤옥. 2008. 독서교육과 자료의 활용. 서울 : 한국도서관협회. p.45

인생의 발달 단계 중 한 단계로서 청소년의 개념은 미국의 심리학자 홀(G. S. Hall)이 1904년에 『청소년기』라는 책을 내면서 학문적으로 처음 사용되었고, 사회적으로는 제1차 세계 대전 후 전쟁에서 돌아온 젊은이들이 '새 세대(new generation)'로 출현하여 대중의 관심을 끌게 된 때부터이다.3)

청소년기를 뜻하는 영어 'Adolescence, Youth'는 라틴어로 '성장한다(to grow up)' 또는 '성숙에 이른다(to come to maturity)'는 의미를 갖는다. 즉 신체적, 심리적, 사회적으로 성장이 급속하게 이루어지는 시기라는 뜻이다.4) 청소년의 개념을 정의하기 어렵다고 주장하는 학자도 있고, 학자에 따라 각기 다르게 정의하기도 한다. 일반적으로 청소년기는 성인이 되어가는 과정으로 보고 있다.5)

이 시기에는 보통 자아정체감, 인격 형성, 개성발달 등과 같은 중요한 인간 발달과업이 이루어진다. 그러므로 인간의 발달단계에서 가장 중요한 시기는 자아정체기라고 일컫는 청소년기라고 할 수 있다. 사춘기로 시작되는 청소년기는 신체적 변화가 일어나는 생물학적 성숙으로 인해 그 시작이 분명한 반면, 끝나는 시점은 행동적, 문화적, 심리적 성숙의 개인차로 인해 사람마다 다양하다. 청소년의 발달 영역은 크게 세 영역으로 이루어지는데, 생물학적 발달, 인지적 발달, 사회·정서적 발달이다. 이들 발달은 서로 상호작용을 하며 서로에게 영향을 미친다.6)

---

3) 조영승. 2001. 청소년학 총론. 서울 : 교육과학사. p.9
4) 장휘숙. 1996. 청년 심리학. 서울 : 장승. p.17
5) 함종환. 1992. 청소년학 원론. 서울 : 대한교과서주식회사. p.27
6) 정옥분. 2008. 청년발달의 이해. 서울 : 학지사. p.21

오늘날에는 이러한 생리적 차원과 함께 심리적, 사회 구조적 차원을 고려하여 청소년기를 정의하는 것이 학계의 추세이다. 즉 생리적으로 사춘기가 도래하는 때를 청소년기의 시작으로 보고, 사회화 과정을 거치고 자아 정체감(ego-identity)이 형성됨과 더불어 경제적으로도 부모로부터 독립하는 때를 청소년기의 상한으로 보고 있다. 다시 말해, 청소년기는 사춘기의 생리적 변화로 시작되지만 성인의 사회적 지위를 얻게 됨으로써 끝나게 된다.[7]

청소년의 우리말은 '청년'과 '소년'의 합성어인데, 우리나라의 청소년기본법에 명시되어 있는 청소년은 '19세 이상 24세 미만인 자'로[8] 청소년보호법에서는 '19세 미만'을[9], 민법에서는 성년의 기준이 19세이므로 '19세 미만인 자'를 청소년으로 규정하고 있다.[10] 청소년의 연령 규정은 각 개별 법령과 입법취지의 목적에 따라 다르게 규정하고 있다.

더불어 인간 발달 단계를 연구하는 학자들 역시 청소년기의 시기에 대해 법률만큼이나 다양한 견해를 밝히고 있는데, 다음의 〈표 1〉은 여러 학자들이 주장한 청소년기에 대한 내용을 정리한 것이다.

---

7) 박경숙. 2004. 청소년기의 발달특성을 고려한 청소년 선교 방안 : 교회활동프로그램을 중심으로. 한일장신대학교 아시아태평양국제신학대학원 석사학위논문. pp.5~6
8) 청소년기본법. 2013. 법률 제11835호, 제3조(정의)
9) 청소년보호법. 2013. 법률 제11673호, 제2조(정의)
10) 민법. 2013. 법률 제11728호, 제4조(성년)

<표 1> 청소년기에 대한 학자별 견해

학자	단계	시기
Hurlock	청소년기 전청소년기 초기 청소년기 후기 청소년기	10·11세~21세 10세~12세 13~16세 17~21세
Levinson	아동기 및 청소년기 과도기(중복기)	출생~22세(아동기, 청소년기) 17~22세
Atwater	청소년기 초기 청소년기 중기 청소년기 후기 청소년기	10~20세 초반 10세~14세 15세~17세 18세~20대 초반
Papalia & Olds	청소년기	11세~20세(성장에 따라 유동적)
신명희 등	청소년기	12세~20세

Hurlock은 청소년기의 연령을 10·11세에서 21세까지로 정의하였으며, 세부 단계로 전청소년기(10세~12세), 초기 청소년기(13세~16세), 후기 청소년기(17세~21세)의 3단계로 구분하였다. 그러나 청소년기의 경우 성별에 따라 그 시기에 있어 차이가 있다고 하였다.[11]

Levinson은 생애 구조의 변화에 따라 발달을 4단계로 구분하였으며, 각 단계마다 변화하는 시기를 두었다. 청소년기는 아동기와 함께 1단계로 구분하였다. 생애 구조는 일정한 시기에 있어서 개인의 생활에 내재된 행동 양식과 설계로서 사회 문화적 배경, 개인의 특성 및 환경에 대한 개인의 참여 정도에 따라 결정된다고 하였으며, 그는 아동기 및 청소년기를 출생에서부터 22세까지로 정의하였다. 그러나 17

---

11) Hurlock, E. B. 1949. Adolescent Development. New York : McGraw-Hill. pp.3~4

세~22세까지는 청소년기에서 성인기로 넘어가는 시기로 청소년기와 초기 성인기의 중복시기로 정의하였다.[12]

Atwater는 청소년기를 결정하는 기준으로 연령, 신체적·정서적·인지적 성숙도에 따라 그 기간이 달라질 수 있다고 하였으며, 일반적으로 사춘기의 시작인 10세에서부터 신체적, 성적 성숙이 이루어지는 20대 초반까지 넓게 보았다. 초기의 청소년기는 중학교나 고등학교 초반, 중기 청소년기는 고등학생 시기, 후기 청소년기는 고등학교 이후 시기인 18세-20대 초반기로 성인기와 겹친다고 하였다.[13]

Papalia, Olds, Feldman 등은 인간 발달 단계를 8단계로 구분하였으며, 청소년기는 5번째 단계로 연령으로는 11세에서 20세로 규정하였다. 하지만 성장 단계에 따라 11세에서부터 시작하여 10대 후반 또는 20대 초반까지 유동적일 수 있다고 하였다.[14]

이어서 마지막으로 신명희 등은 청소년기의 연령을 12세부터 20세로 보았다.[15]

---

12) Levinson, D. J. et al. 1978. The Seasons of a Man's Life. New York : Random House. pp.18~20

13) Atwater, E. 1992. Adolescence 3th ed. New Jersey : Prentice-Hall. p.5

14) Papalia, D. E. & Olds, S. W. & Feldman, S.D. Human Development, 9th ed. New York : McGraw-Hill. p.387

15) 신명희 등. 2013. 발달심리학. 서울 : 학지사. p.292

2. 청소년기의 발달

청소년기는 대체적으로 아동기에서 성인기로 이행하는 미성숙한 존재의 시기로 보고 있으며, 정신적으로는 미성숙된 자아를 완성하기 위해 지속적인 노력을 기울이며 육체적으로는 최고의 발달을 이루는 시기에 있다. 이 시기에는 자아정체성이 형성되는 가장 결정적인 시기이기도 하다. 청소년은 자립할 수 있는 연령층으로 보기보다는 부모와 주변 사람의 도움을 필요로 하는 연령층이다. 청소년 스스로 성인기에 대한 준비와 학습이 이루어져야 하고, 무엇보다 주변의 관심과 지원, 바람직한 환경의 배려가 전제되어야 하는 연령층이라 할 수 있다.[16]

그렇다면 청소년기의 발달적 특징을 여러 측면으로 구분해 살펴보도록 하자.

1) 신체적 특징

신체 및 운동능력은 인간의 모든 활동의 기반이 되며, 그 발달은 인간의 사회생활에 중요한 의의를 가지고 있다. 신체 발달에 의해서 고립된 행동이 가능하게 되며, 거기에 수반되어 각종 정신생활이 전

---

16) 오영재 외. 2001. 청소년복지론. 서울 : 양지. p.3

개되고, 인간으로서의 사회생활이 가능하게 된다.[17]

청소년기는 신체적으로 급격한 변화를 나타내는 시기로 신장이나 체중이 급격하게 증가하게 된다. 또한 성적으로 성숙하여 이성에 대하여 눈을 뜨게 되는 시기로, 성선의 발달로 인해 2차 성징이 뚜렷하게 나타나 남녀의 차이를 명확하게 구분 짓게 된다. 성적인 성숙에서 볼 수 있는 현저한 변화는 신체적인 면이나 생리적인 면의 변화만을 뜻하는 것이 아니라 태도와 정신에도 영향을 미친다.[18]

이러한 신체적 발달은 환경과 유전의 두 요인에 의해서 큰 영향을 받게 된다. 이러한 신체적 변화에 대해 민영순은 "신체의 급격한 변화는 정신적인 방면에서 여러 가지 동요와 불안정한 현상을 일으키는 원인이 되지만, 반면 자기 신체에 대한 관심을 높이게 하고 성적 성숙으로 말미암아 새로운 행동변화, 새로운 자아상을 형성하는 중요한 기초가 되는 것이다."라고 말한다.[19]

힐가드(E. R. Hilgard)는 청소년기의 신체적 특징을 다음의 4단계로 분류하고 있다.[20]

첫째, 전 사춘기 단계(Pre-Puberal Phase)로 남자 12~14세, 여자 10~12세가 되는 시기이며 2/3가 신체적 비대현상을 겪게 된다.

둘째, 후 사춘기 단계(Puberal-Phase)로 남자 14~19세, 여자 12~18세가

---

17) 김제한 외. 1980. 청년발달심리학. 서울 : 세광공사. p.208
18) 최정원. 2003. 청소년에 대한 바른 이해와 바람직한 목회의 방향설정. 한일장신대학교 한일신학대학원 석사학위논문. pp.8~9
19) 민영순. 1982. 발달심리학. 서울 : 교육출판사. p.281
20) Hilgard, F. R. 1979. Introduction to Psychology. Harcourt Brace Jovanovich. p.80

되는 시기다. 가장 뚜렷한 신체적 변화를 체험하는 시기로 키가 갑자기 크게 되며 몸무게가 격증하고 성기관이 성숙하게 되는데, 남자는 음경의 변화, 치모의 출현, 변성이 나타나고, 여자는 유방, 엉덩이, 아랫배가 커지고 성기 내부 변화, 초경이 나타난다. 대체로 소녀들이 소년들보다 1~2년 정도 빠르게 나타난다. 오늘날은 사회 환경이나 가정환경 및 영양상태의 호전으로 더욱 빠르게 나타나고 있다.

셋째, 사춘기 후기 단계(Post Puberal-Phase)로 남자 19~23세, 여자 18~21세로 신체적으로 이미 성숙이 완성된 단계에 도달하여 사춘기의 성장이 끝나는 시기이다.

넷째, 후기 청소년기(Late Adolescent Phase)로 남자 23~25세, 여자 21~23세로 성숙의 마지막 단계이며, 남자는 수염이 나고 가슴과 허벅지에 털이 날 때까지 성숙이 계속된다.

위와 같이 청소년기는 신체적으로 뚜렷하고 급격한 변화를 가져오는 시기이다. 이는 단순한 신체 변화에 그치는 것이 아니고 정신적, 심리적으로 직·간접으로 영향을 미치며, 나아가 사회적인 면에서까지 영향을 미치는 원인으로 작용한다.[21]

2) 정서적 특징

인간은 외부에서 주어지는 자극에 대해서 개인의 내부에 강한 감정이 일어나게 되는데 이러한 감정을 보통 정서(Emotion)라 부르며, 이 정서는 청소년기에는 과격하게 나타나기도 하고 또 쉽게 변하기도

---

21) 최정원. 앞의 논문. p.10

한다. 정서는 모든 행동의 기초로서 행동의 표출 방법과 방향을 규정하고 더 나아가서는 모든 정신생활을 지배하게 된다. 따라서 정서는 가장 근본적인 자아 체험이며 특히 청소년기는 여러 가지 생활 감정이 발달하므로 더욱 정서의 문제가 심각하게 대두된다.[22]

청소년기는 정서적으로 불안정한 상태이며, 반항적인 기질을 강하게 표출한다. 기성 사회 특히, 자기의 성장을 지켜보는 부모나 교사를 반항의 대상으로 여기기도 한다.[23] 청소년들은 아동 집단에 속하는 것을 거부하고 성인 집단에 들어가기를 원하기도 하고, 또 때로는 성인 대접을 받으면 불안해하기도 한다. 청소년들은 아동으로, 또는 성인으로 대우받으면서 어느 편에도 속하지 못하는 시기라 하여 주변인 또는 중간인이라고 불리며, 청소년들은 성숙 과정에서 정서적, 심리적 불안과 갈등을 겪고 방황하면서도 자기의 독창성과 개인적 정체감을 발전시켜 나간다.[24]

임영식과 한상철의 『청소년 심리의 이해』에 의하면 청소년기의 정서적 변화의 단계는 다음과 같다.[25]

(1) 초기

청소년기 초기 또는 사춘기의 정서적 특징으로서 지적인 바탕 위에 성적 충동을 강하게 경험하게 되므로 정서는 성적인 색채를 띠게 된다. 급격한 신체적 성숙과 더불어 성에 대한 의식과 이성에 대한

---

22) 민영순. 앞의 책. p.300
23) 표갑수. 1986. 청소년 가치관 형성을 위한 방안. 청소년지도육성회 여름호. p.24
24) 박경숙. 2004. 앞의 논문. pp.9~10
25) 임영식·한상철. 2004. 청소년 심리의 이해. 서울 : 학문사.

관심이 높아지지만, 수치심을 강하게 보이고 이성에 반발하며 주위 사람들에게 허세적인 반항을 하는 등의 이중적 정서를 표출한다. 민감한 정서로 인하여 외계를 지각함에 있어서도 너무 세부적인 것까지 의식하게 되며, 결국 스스로 어떻게 할 수 없는 불안과 초조에 사로잡히기도 한다. 대부분의 청소년들은 이러한 정서적 문제를 자발적으로 해결하지만, 일부는 부적응 행동을 불러일으킨다.

(2) 중기

청소년기 중기의 정서는 초기보다 더욱 강렬해지지만, 직접적인 표출을 억제하는 경향이 높다. 자아의식이 더욱 높아지면서 독선적이고 우월을 과시하고 현실을 부정하고 혐오하는 경향이 짙게 나타난다. 기성세대와 기존의 사회구조를 부정적으로 인식함과 동시에 자신의 인생을 낭만적이고 화려하게 계획함으로써 이상과 현실의 부조화를 보여주고 있다. 또한 높은 이상을 가지며 이성에 대해서도 낭만적이고 감상적인 생각을 갖기도 한다. 청소년들의 이러한 사고와 사회에 대한 태도는 그들의 정서발달과 밀접한 관련성을 갖는다.

(3) 후기

청소년기 후기에 접어들면서 사회적으로 안정을 나타낸다. 이상을 추구하지만 현실에 대한 적응을 위해 노력하며, 자신을 합리적으로 통제한다. 이 시기의 청소년들은 주관과 객관과의 결합, 자기와 사회와의 타협, 현실과 이상과의 조화를 발전시키면서 완성된 자아의식을 갖게 된다.

청소년기의 정서발달에 대한 이상의 내용을 요약하자면, 청소년기의 정서는 강렬한 일관성이 결여되어 있으며, 불안정한 상태에 있다고 말할 수 있다. 기쁨, 슬픔, 노여움 등에 민감하고, 무서움은 아동기와 질적으로 다르며, 죽음, 운명, 시험, 실언, 위약 등 추상적인 위기를 너 많이 생각한다. 청소년기에는 정서표출을 억제하여 내면화하거나 다른 방식으로 표출하려는 경향이 높다.[26]

허혜경[27]은 『청년발달심리학』에서 청소년기는 자아개념도 발달한다고 했다. 자아개념은 사람 속에 존재하는 실제가 아니라 자아에 대한 여러 가지 인지적인 신념의 집합체이다. 구체적으로 말하자면 자신의 신체적 특징, 개인적 능력, 특성, 가치관, 역할, 흥미, 사회적 지위 등을 포함한 '나'는 누구인가에 대한 지각과 판단을 의미한다는 것이다. 자아개념은 유아기부터 지속적으로 발달하며, 청년들은 연령이 증가함에 따라 자아개념이 점점 더 정교하게 세분화되는 동시에 보다 일관성 있게 전체적으로도 통합하게 된다. 청년기의 자아개념상 특징을 보면, 청년들은 구체적 상황에 국한시키거나 전체적인 특성으로 자신을 간단히 기술하는 아동기적 방식에서 탈피하게 된다. 청년들은 비교적 논리적이고 객관적으로 자신을 평가하여 좀 더 현실적인 자아개념을 가지게 된다고 했다.

3) 사회적 특징

청소년기가 되면 신체적·정서적·인지적 변화와 더불어 사회적 역할과 지위에 있어서도 커다란 변화를 겪는다. 대부분의 사회에서는 청소년기가 끝나면 비로소 성인이 된 것으로 간주하여 그에 맞는 대

---

26) 손나리. 2009. 청소년기 정서발달을 위한 바람직한 음악교육의 형태와 방안. 관동대학교 교육대학원 석사학위논문. p.8
27) 허혜경. 2003. 청년발달심리학. 서울 : 학지사.

우를 하기 시작한다. 따라서 아동기와는 다른 사회적 역할과 기대가 다시 주어진다. 이와 같은 변화는 청소년 개인의 발달에 직접적인 영향을 미치며, 성인으로의 질적인 발달을 촉진시킨다.

그들은 아동기의 무조건적 교우관계에서 벗어나 선택적인 교우관계를 형성하고, 동년배와의 연대의식을 형성하여 부모나 교사 그리고 기성세대에 대한 비판적 안목과 배타적 성향을 갖게 된다. 그리고 청소년 후기가 되면서 교우관계나 사회적 관계의 폭과 깊이가 점차 증대되고, 기성세대에 대한 무조건적 비판이나 반항에서 벗어나 합리적 비판과 논리적 대항의 자세를 형성하게 된다.[28] 이처럼 타인의 존재를 인식하고 자아가 발전되어 사회적으로 독립된 개체로서의 역할이 강요됨에 따라 자아 중심적 태도에서 벗어나 타인의 의견이나 흥미, 권리 등을 인정하고 협조하려는 경향이 생긴다. 따라서 새로운 교우관계가 나타나며 집단에 대한 통합감이 생기고 소속 집단으로부터 승인되고 수용되어 안정감을 찾으려는 욕구가 강해지는 특성을 지닌다.[29]

4) 인지적 특징

아동기와는 질적으로 다른 양상을 보이는 청소년기 인지 능력의 변화는 심리적 발달과 사회적 관계에 많은 영향을 준다. 아동기보다 고차원적이고 높은 수준의 사고를 할 수 있는 중요한 요소는 다양한 가능성을 상상할 수 있기 때문에 가설적인 추론이 가능하다는 것이다. 이를 통해 도덕적 문제와 자신의 미래 설계에 대하여 폭넓게 사

---

28) 한상철. 1998. 청소년학개론. 서울 : 중앙적성출판사.
29) 이규한. 2004. 청소년의 스포츠 참여와 사회성의 관계. 한국교원대학교 교육대학원 석사학위논문. p.7

고할 수 있게 된다.[30] 다음의 내용은 피아제 이론에 기초하여 청소년기 사고의 질적 특성을 정리한 것이다.

첫째, 가능성에 대한 사고로의 변화가 일어난다. 아동기의 사고는 직접 관찰할 수 있는 사건에 초점을 맞추고 있지만, 청소년기의 사고는 현재는 보이지 않는 가능성에 대해 사고할 수 있게 된다.[31]

둘째, 가설 연역적 문제해결이 가능한 발달이 이루어진다. 즉 경험적 세계에 제한되어 생각하는 것을 넘어 직접 관찰하지 않은 간접 대상과 추상적인 사건에 대해 가설을 만들어 낼 수 있으며, 그것을 검증하는데 있어서 연역적 추론을 사용할 수 있게 된다는 뜻이다.

셋째, 사고 과정에 대한 사고의 발달이 이루어진다. 논리적 문제에 대해 논리적으로 사고할 수 있고, 사고 체계에 대해 체계적으로 사고할 수 있다. 이는 자신의 사고를 잘 통제할 수 있는 능력이 생겼다는 뜻이고, 동시에 자신의 사고 과정을 타인에게도 잘 설명할 수 있다는 뜻이다. 그러나 상상적 청중과 개인적 우화로 인해 자기 몰두에 빠져 위험 행동을 할 가능성은 여전히 남아 있다.

넷째, 자신의 믿음에 대하여 논리의 일관성을 고집하게 된다. 이런 특성을 좋은 측면에서 보자면 주장성이 있다고 하겠으나, 그로 인해 논쟁적이며 반항적인 면을 내보이기도 한다. 따라서 지나친 이상주의와 파괴적 성향을 갖고 있지 않은지 살펴볼 필요가 있다.

다섯째, 다차원적인 사고 능력을 가진다. 이 능력은 대인관계에서

---

30) 조유영. 2010. 청소년기 미래의 꿈을 시각화하는 표현 지도 방안 연구 : 중학교를 중심으로. 한국교원대학교 교육대학원 석사학위논문. pp.9~10
31) 한상철. 2009. 청소년학 : 청소년 이해와 지도. 서울 : 학지사. p.100

타인의 의도를 이해하는데 많은 도움을 주며, 결국 그 관계를 긍정적으로 유지해 나가는데 기여한다.

여섯째, 흑백논리 및 이분법적 사고에서 벗어나는 대신 상대적인 사고가 증가한다.

3. 청소년과 독서치료

상담 및 심리치료 장면에서 청소년은 어린이 다음으로(어쩌면 비슷한 비율로) 많이 만나게 되는 대상이다. 하지만 그들은 비자발적인(부모나 교사 등 주변의 중요 어른에 의해 치료 장면까지 오게 되는) 대상이기 때문에 라포 형성과 치료 작업 진행이 가장 어려운 집단이기도 하다. 또한 여러 측면의 문제가 동시다발적으로 부각되는 시점이기 때문에, 치료 사가 다양한 부분에 있어 지식과 경험(진로, 성, 학교폭력, 미디어중독 등) 을 두루 갖추고 있어야 한다.

청소년을 대상으로 한 독서치료 프로그램이 가장 활발히 이루어지 고 있는 곳은 역시 학교이다. 발달적 측면에서의 집단 치료가 가장 많으며, 더불어 청소년수련관, 청소년문화센터, 지역아동센터, 공공도 서관, 쉼터 등 청소년들이 머물고 있는 곳에서도 접목이 되고 있다. 따라서 독서치료사로서 청소년들을 만나 프로그램을 운영할 거라면 그들 자체에 대한 이해와 더불어 치료 현장에 대한 지식도 갖추고 있어야 한다.

다음의 내용은 필자가 정독도서관 등에서 '청소년을 위한 독서치료 의 이해와 실제'라는 강연을 했을 때 작성한 원고의 일부이다.

1) 치료 장면에서 청소년 만나기
- 나는 청소년을 얼마나 이해 및 공감할 수 있나?

청소년들과의 만남은 어렵다. 사실 자아정체감이 아직 형성되지 않았고 사춘기까지 겹쳐 있기 때문에 복잡하고 혼란한 시기를 보내고 있음은 누구나 짐작할 수 있다. 그러므로 그 누구보다 치료가 필요한 대상이지만, 학교와 학원 공부에 밀려 치료 현장에 올 수는 없다. 결국 적응 상에 문제가 일면 부모님이나 선생님 등 중요한 타인들의 의지에 따라 치료 장면에 오기도 하지만, 이런 만남 역시 동기가 전혀 없기 때문에 쉽지가 않다.

그래서일까? 청소년들과의 만남은 매력이 있다. 길들여지지 않은 야생마를 길들여 내 것으로 만들기 위한 과정에서의 어려움, 그러나 결국 성공했을 때의 쾌감과도 같은 마음이랄까. 물론 그 과정은 험난하기만 하고, 성공적으로 치료를 마치기까지는 또 오랜 시간이 걸린다. 하지만 공을 들인 만큼의 보람도 함께 하기 때문인지, 여러 치료사들은 '청소년'들과의 만남을 즐긴다.

그렇다면 청소년들과의 만남 및 치료 작업을 위해 치료사로서의 나는 무엇을 갖추어야 할까? 모든 만남과 상호작용은 어떤 면에서건 도움이 된다고 하지만, 간혹 잘못된 만남은 서로에게 오히려 더 큰 상처를 남긴다. 따라서 스스로를 늘 점검할 필요가 있는데, 그럼 먼저 여러분 자신을 점검해 보자. 과연 나는 청소년들을 제대로 이해하고 공감하고 있는가? 여기서 중요한 것은 '제대로'이다. 어쨌든 만남을 이어가야 할 숙명이 있는 사람이니까 그러는 척하면서 만나는 것이 아닌. 혹 우연히 지나칠 때 보는 청소년들조차 이해가 가지 않을 때가 많다면 지금 당장 그들과의 만남을 통해 치료를 할 수는 없겠다. 즉 치료 대상에 대한 이해나 공감이 되지 않는다면, 그 대상이 누구고 어떤 문제를 갖고 있든 치료 작업은 불가능하다는 말이다.

2) 청소년, 그들만의 특별함!

부모님이나 선생님, 기타 일반 어른들은 요즘 청소년들을 곱지 않은 시선으로 볼 때가 많다. 도대체 멀쩡한 교복은 왜 줄여 입는지, 단정한 것이 제일인데 머리는 잘랐다가, 염색을 했다가 왜 그렇게 못 살게 구는지, 비가 오는데 삼선 슬리퍼만을 고집하며 신고 나가는 이유는 무엇인지 등등. 그러나 나는 청소년들이 특별하게 보인다. 그들은 구르는 낙엽에도 까르르 웃을 수 있는 감성을 지니고 있고, 더불어 빨리 어른이 되고 싶다는 열망이 큰 나머지 기회가 될 때마다 어른들의 흉내를 내는 귀여움도 갖고 있다. 어른과 아이의 중간이어서 그 어느 쪽에도 속할 수 없지만, 동시에 양쪽의 측면을 모두 갖고 있으니 얼마나 특별한 존재들인가. 그런데 그들의 이런 특별함은 치료 장면에서의 임상적 쟁점에서도 드러난다. 그렇다면 치료 장면에서 청소년들은 어떤 임상적 쟁점을 갖고 있을까?

우선 그들은 동기가 부족하다. 따라서 치료사에 대한 의심과 위축으로 인해 비협조적이다. 그러므로 우선 치료사는 그 마음을 인정해 줄 필요가 있다.

두 번째로 치료사는 선생님이나 부모님과 똑같다는 인식을 갖고 있는 등의 오해를 한다. 그러니까 치료사를 가까운 어른들이 보내 마음을 알아내려는 염탐꾼 정도로 생각한다는 말이다. 그러다 보니 초기 라포를 형성하기가 어렵다.

세 번째로 청소년들은 개인 치료 작업에서 해당 문제의 이야기로 50분을 유지하기가 어렵다. 따라서 이런 저런 화제의 이야기를 주고받으며 관련 문제를 적절히 풀어갈 필요가 있다.

네 번째로 청소년들은 인지능력이 부족하다. 이는 통찰을 기대하기 어렵다는 한계와 함께 치료가 구체적이고 실질적일 필요도 있음을 알려준다.

다섯 번째로 청소년들은 감각과 흥미에 심취하는 경향이 있다. 때에 따라서는 이런 점을 허용해야 하는가, 그렇지 않으면 객관성을 유지해야 하는가에 대한 고민이 생길 수도 있다.

여섯 번째로 청소년들은 언어적 표현 능력이 부족하다. 따라서 자신의 속마음을 적절한 언어로 표현하지 못하는 경우가 많고, 그들만의 언어 사용으로 인해 치료사와 공감대가 형성되지 않을 가능성도 있다.

마지막으로 청소년기는 급격한 변화의 시기임을 잊지 말아야 한다. 이는 좋아질 때 급격하게 좋아질 수 있는 가능성이기도 하므로, 치료사들은 청소년들의 문제가 너무 커서 치료 작업이 어렵더라도 끝까지 믿고 기다려 줄 필요가 있다. 그런 믿음만 있다면 그들은 분명 우리가 원하는 자리에 와 있을 것이다.

그렇다면 청소년들은 주로 어떤 목표로 치료 작업을 진행할까? 치료의 목표는 다음과 같다.
(1) 행동변화 촉진
(2) 적응기술훈련(대인관계기술도 포함)
(3) 의사결정기술 - 자기주장

(4) 또래관계기술

(5) 잠재력 개발

(6) 자아정체감 형성

3) 청소년을 위한 독서치료 프로그램의 준비

청소년을 위한 독서치료 프로그램은 학교 장면에서 집단의 형태로 가장 많이 실시가 된다. 그도 그럴 것이 학원 등의 특별한 과외 활동을 제외하고는 별도의 시간을 내기 어려운 입장에서, 치료사가 학교로 찾아가 수업 시간 중에 프로그램을 진행하므로 시간에 맞게 교실을 찾아오기만 하면 되니 얼마나 편리하겠는가. 게다가 이왕이면 여러 사람이 참여를 해서 효과를 보면 좋으니 학교 입장에서야 비슷한 어려움이 있는 아이들을 최대한 많이 참여시키려고 한다. 그런 저런 맥락들이 서로 결부되어 학교 장면에서 10명 내외의 집단으로 실시되는 치료 프로그램이 많은데, 아동들도 마찬가지지만 청소년들 역시 집단 치료 프로그램을 위해 고려되어야 할 점들이 몇 가지 있다.

(1) '치료'라는 말 대신 다른 용어를 사용할 것

용어가 달라진다고 해서 본질마저 변하는 것은 아니다. 그런데 '치료'라는 단어는 상당한 무게를 갖고 있다. 따라서 프로그램에 참여하는 청소년들은 자신에게 큰 문제가 있는 것처럼 여길 수 있다. 그러니 문제의 범위 여하를 막론하고 '독서심리여행' 등 다른 용어를 사용하면 좋겠다.

(2) 구조화된 프로그램을 준비할 것

집단 치료 프로그램은 구조화, 반 구조화, 비 구조화를 할 수 있다. 이 가운데 아동 및 청소년들을 위한 프로그램은 구조화를 할 필요가 있다. 구조화는 처음부터 끝까지 치료사가 철저하게 계획을 한다는 의미이다. 만약 구조화를 하지 않으면 프로그램의 목표를 이룰 수 없을 가능성이 크다.

(3) 청소년들 사이에서 배울 수 있도록 할 것

아동 및 청소년들을 위한 치료 프로그램에는 '교육'이 상당한 부분을 차지한다. 그러려면 자연스레 치료사가 조금 더 권위를 갖고 있는 사람의 입장이 되어야 하는데, 물론 필요할 때는 그런 설정을 해야겠지만 청소년들은 또래로부터 더 많은 영향을 받는 경향이 있다. 따라서 적절한 운영으로 그들 사이에서 스스로 배워 나갈 수 있도록 할 필요가 있다.

(4) 신상을 보호받을 수 있는 공간에서 실시할 것

학교는 치료를 위해서는 절대 안전한 곳이 아니다. 특히 도서관은 예측할 수 없이 누군가 방문을 할 수 있는 곳이고, 교실 또한 복도를 지나가는 사람들의 시선에서 자유롭지 못하다. 따라서 그곳에서의 치료 프로그램은 매우 부정적인 결과를 낳을 수 있다. 그러니 적어도 치료 작업이라고 한다면 무엇보다 참여자들이 안전하게 보호받을 수 있는 공간에서 실시할 필요가 있다.

4. 청소년의 발달을 도울 수 있는 도서자료

다음의 내용은 '청소년의 발달을 도울 수 있는 도서자료 연구'라는 제목으로 '독서문화연구 제9호(2010)'에 실렸던 필자의 논문 중 일부이다. 소개되는 도서자료가 청소년 발달을 돕는 최상 및 최적의 자료가 아닐 수 있고 소개되는 양 또한 적어서 큰 도움이 되지는 않겠지만, 이 내용을 토대로 활발한 연구를 하셨으면 하는 바람으로 싣는다.

앞서 살펴본 것처럼 청소년기는 자아정체감이 확립되지 않았기 때문에 많은 혼란을 겪는 시기이다. 따라서 '내가 누구인지, 잘할 수 있는 것은 무엇인지, 그렇다면 앞으로 무엇을 해야 하는지'에 대한 고민이 많고, 결국 그것을 확립하기 위해 노력한다. 또한 부모나 교사 등의 어른들보다 또래집단과 더 많은 것을 공유하려 하고, 그 안에서 많은 것을 배우는 시기이기도 하다. 즉 관계에 대한 면도 중요한 이슈가 되는 시기이다. 따라서 청소년기의 발달을 도울 수 있는 자료는 '정체감'과 '관계'라는 두 개의 주제에 초점을 두어 총 36권을 선정해 보았다. 단, 여기서 소개하는 자료들은 연구자의 주관적인 판단에 따른 것이므로 모든 청소년들에게 도움이 되지 않을 수 있음을 미리 알린다. 또한 그림책과 동화 등 분량이 짧은 것들이 대부분인 것은 바쁘면서도 복잡한 청소년들을 배려한 측면이면서, 동시에 분량을 떠나 생각할 측면이 많은 자료들이어서 오히려 청소년기 이상에게 적합한 자료라고 판단했기 때문이기도 하다. 서평은 연구자의 인터넷 교보문고 내 북로그에 올린 것을 다시 옮겨 온 것이다.

1) 자아정체감(자아존중감, 가치관, 고민) 형성을 도울 수 있는 도서 자료

(1) 어디로 갔을까, 나의 한쪽은 / 쉘 실버스타인 / 시공주니어
(2) 총을 거꾸로 쏜 사자 라프카디오 / 쉘 실버스타인 / 시공주니어
(3) 난 곰인 채로 있고 싶은데… / J. 슈타이너 / 비룡소
(4) 나는 나야! / 마리 루이스 피츠패트릭 / 내인생의책
(5) 유리 소녀 / 베아트레체 알레마냐 / 베틀북

'유리로 태어난 아이 지젤, 너무나 맑고 투명해서 모든 것을 투영하고... 지젤은 사람들의 관심을 받다가 점점 따돌림을 당하게 된다. 그 이유는 무엇일까?'

책의 뒷면에 있는 글을 간단하게 요약하면서 나름대로 의문이 남은 부분을 옮겨 본 것이다. 왜 그랬을까? 처음에는 신기했지만 점점 익숙해지기도 했고, '다름'의 차이를 인정하지 않기 위해? 너무 많은 사람들이 좋아하기 때문에 질투심에서? 물론 그렇게도 생각할 수 있지만, 유리 소녀의 문제는 자신의 생각을 고스란히 드러내 보일 수밖에 없다는 점이었다. 이는 좋은 생각은 물론 나쁜 생각까지도 포함하는 문제점을 내포하고 있는데, 사람들은 바로 그 점을 싫어했다는 것이다. 이는 부모가 아이를 양육할 때 '자신의 모습 중 아주 싫은 모습을 닮아 그대로 표출하는 아이를 심하게 야단치는 행동'으로 나타나는 '전이'와 '역전이' 현상으로 볼 수 있는데, 심리학적인 면에서의 정의를 살펴볼 필요가 있겠다. 전이(transference)란 원래 프로이드가 대상자에게

정신 분석요법을 사용하여 치료할 때 확인하게 된 현상이다. 전이란 대상자가 아동기에 중요한 인물에게 나타냈던 행동양상이나 정서적 반응을 무의식적으로 치료자에게로 옮겨오는 것이다. 예를 들면, 대상자가 어린 시절에 어머니를 미워하였던 감정이 지금의 치료자인 간호사를 미워하게 되는 감정으로 옮아오는 것이다. 이와 같은 전이현상은 무의식적인 갈등에 근거한 것으로서 인간관계에서는 어쩔 수 없이 일어나는 결과이기도 하다. 또한 역전이(countertransference)란, 치료자의 과거 갈등 경험이 무의식적으로 대상자에게로 옮아 대상자에 대해 부적절하고 왜곡된 반응을 보이는 현상이다. 만약 치료자인 간호사가 대상자에 대하여 지나치게 긍정적이거나 부정적인 반응을 나타낸다면 역전이가 일어나고 있는 신호일 가능성이 높다. 간호사에게 있어서 가장 흔한 역전이 증거는 대상자에 대한 지나친 동일시이다. 이러한 상황에서 간호사는 대상자가 가진 문제와 자신의 문제를 구별할 수 없기 때문에, 대상자의 문제를 인식하거나 이해하는데 어려움을 겪게 된다. 결국 사람들은 유리 소녀의 생각 속에서 자신들의 모습을 본 것이 아닐까? 부정적인 생각이나 감정 가운데 극구 숨기고 싶었던 모습을 본 것은 아닐까? 그랬기 때문에 유리 소녀는 그들에게 따돌림을 당한 것 같다. 사람의 생각이나 감정만큼 다양성을 띠는 것도 없을 것이다. '오만가지 생각이 다 든다'는 말도 있듯, 우리의 생각과 그에 따른 감정의 변화는 다채로울 수밖에 없는데, 유리 소녀처럼 그 감정들을 고스란히 누군가에게 내보일 수밖에 없다면 너무 힘들지 않을까 싶다. 그렇다고 밝은 생각만 하고 살 수도 없으니 말이다. 밝은 면은 밝은 면대로, 어두운 면은 어두운 면대로 적극 표출할 수 있도록 하고, 제대로 이해해 줄 수 있는 친구나 가족, 이웃, 아니면 그 누군가가 있다면, 그 사람의 삶은 행복으로 가득 찰 것이다. 유리 소녀와 같이 삶의 밝고 어두운 면을 모두 갖고 있는 '우리들'에게 권하고 싶은 책이다. 자신은 물론 이 세상을 함께 살아가는 사람들에 대한 통찰을 위해!

(6) 아무에게도 하지 못한 말 / 한국글쓰기연구회 / 보리

이 책은 중학생들이 살아가면서 겪는 여러 이야기들 가운데, 가족과 학교생활을 통해 느끼고 있는, 제목 그대로 아무에게도 하지 못한 가슴속에 담아두었던 이야기들을 풀어낸 것을 엮은 것이다. 44편의 글 하나 하나는 이 시대를 살아가고 있는 우리 학생들, 나아가 어른들에게까지 많은 힘과 위로를 줄 것으로 생각된다.

(7) 갈매기에게 나는 법을 가르쳐준 고양이 / 루이스 세뿔베다 / 바다출판사
(8) 중학생 여러분 / 이상운 / 바람의아이들
(9) 불균형 / 우오즈미 나오코 / 우리교육
(10) 포인트 스토리 / 강우현 / 여성신문사

2) 진로탐색(미래, 장래희망, 꿈)에 도움이 될 수 있는 도서 자료

(1) 행복한 청소부 / 모니카 페트 / 풀빛
(2) 빨간 나무 / 숀 탠 / 풀빛
(3) 강낭콩 / 에드몽드 세샹 / 분도
(4) 우체부 슈발 / 오카야 코지 / 진선

내가 학교에 다닐 때만 해도 선생님께서 장래희망에 대해 물으면, 대통령이나 의사, 판사, 변호사, 선생님, 간호사, 과학자, 군인 등의 직업이 우선으로 이야기 됐던 것 같다. 그런데 요즘에는 비슷한 부분도 있지만 상당히 구체화된 것을 느낄 수 있다. 그만큼 사회가 변했

고 여러 직업들이 창출된 면도 있지만, 그보다 현실적이고 자신의 가치관에 따라 결정하는 자기 주도적인 면이 부각되기 때문이 아닐까 생각해 본다. 이 책 『꿈의 궁전을 만든 우체부 슈발』의 주인공 슈발은 아인슈타인으로 대표되는 엉뚱한 사람의 범주에 포함될 사람이다. 매일 반복되는 일상을 보내는 작은 마을의 우체부. 그는 말수도 적고 특별한 취미도 없는, 사교적이지 못하고 재미마저 없는 사람이다. 하지만 그는 공상을 좋아했는데, 그의 공상 속에는 궁전, 성, 탑 등이 항상 자리 잡았다. 마침 그 당시 열렸던 만국박람회 등의 사진 자료들은 그의 상상에 기름을 부은 격이었지만, 막상 실천을 하기에는 어렵다는 것을 알고 조금씩 잊어 가고 있을 즈음, 우연한 기회로 발에 걸린 돌부리의 모양이 신기해 그 돌을 이용해 건물을 지어야겠다는 결심을 하게 된다. 그때부터 열심히 돌을 모은 슈발은 마을 사람들로부터 놀림을 당했다. 그러나 33년이라는 긴 시간 동안 한결같이 건물 짓기에 열중하여 드디어 '꿈의 궁전'을 완성하게 된다. 이 궁전은 현재 12만 명이 넘게 방문하는 명소가 되었다고 한다.

정말 사람만큼 위대한 존재가 이 세상에 또 있을까? 사람의 의지만큼 대단한 것이 또 있을까? 비록 많은 어려움이 있었지만 불굴의 의지와 인내심으로 '꿈의 궁전'을 이룬 슈발의 삶은 우리에게 많은 의미를 준다. 또한 궁전 그 자체보다 자신의 꿈을 이루기 위해 노력할 수 있었던 그 의식 자체가 큰 감동을 준다. 따라서 이 책은 꿈을 포기하고 살아가는 등 의지가 약한 사람들에게 권해주고 싶다. 자신이 품고 있는 놀라운 잠재력을 일깨워 줄 수 있도록 말이다.

(5) 무슨 일이든 다 때가 있다 / 레오 딜런 / 논장
(6) 나무를 심은 사람 / 장 지오노 / 두레
"한 인간이 참으로 보기 드문 인격을 갖고 있는가를 발견해 내기 위해

서는 여러 해 동안 그의 행동을 관찰할 수 있는 행운을 가져야만 한다. 그의 행동이 온갖 이기주의에서 벗어나 있고 그 행동을 이끌어 나가는 생각이 더없이 고결하며, 어떤 보상도 바라지 않고, 그런데도 이 세상에 뚜렷한 흔적을 남긴 것이 분명하다면, 우리는 틀림없이 잊을 수 없는 인격과 마주하는 셈이 된다." - 본문 중에서 -

모든 사람은 각각의 능력과 가치를 부여받고 이 땅에 태어난다고 하는데, 이 책 『나무를 심은 사람』은 그 내용을 뒷받침이라도 하듯, 한 사람의 불굴의 정신과 작은 실천이 가져온 위대한 결과를 펼쳐 보여준다. 미래에 대한 불투명으로 인해 자아존중이 낮고 자아정체감에 혼란을 느끼는 청소년들에게 권하면 좋을 책이다.

 (7) 레밍 딜레마 / 데이비드 허친스 / 바다출판사
 (8) 꿈을 찾아주는 내비게이터 / 정효경 / 마리북스
 (9) 청소년 부의 미래 / 앨빈 토플러 / 청림출판
 (10) 미래생활사전 / 페이스 팝콘 / 을유문화사

3) 관계(가족 및 또래관계, 왕따, 전반적 대인관계 기술 등 포함) 형성에 도움이 될 도서 자료

 (1) 아낌없이 주는 나무 / 쉘 실버스타인 / 시공주니어
 (2) 두 사람 / 이보나 흐미엘레프스카 / 사계절
 (3) 학과 해오라기 / 존 요먼 / 마루벌
 (4) 가끔은 혼자서 / 케빈 헹크스 / 마루벌
 (5) 보름달의 전설 / 미하엘 엔데 / 보림

몇 백 년 전, 아직 사람들이 천사와 악마가 있다고 믿던 때의 일이다. 깊은 산골짜기에 살던 은자는 사랑하던 여인의 배신과 토마스 아퀴나스가 남긴 말, "자신이 쓴 모든 책은 진실로 속이 빈 지푸라기에

지나지 않는다"를 읽고, 자신의 모든 것을 버리고 떠난다. 그렇게 오랫동안 세상을 떠돌다 산골짜기에 이른 은자는, 꿈속에서 "이곳에 머물라! 내가 여기서 너를 만나고 싶으니라"라는 목소리를 듣고, 오랜 시간동안 그곳에 머물며 약속이 이루어지기를 기다리게 된다. 그사이 은자의 모습은 늙고 여위었으나 그의 정신세계만은 어느 것과도 비교할 수 없을 만큼 숭고해졌다. 그러던 어느 날, 산골짜기에는 모든 것이 달라져야 한다는 결정을 내린, 세상 사람들로부터 쫓기고 있는 도둑이 들어온다. 하지만 그는 산골짜기에서도 본성을 버리지 못하고 행동하다가, 은자를 만나 오랫동안 그를 들쑤시던 가시가 없어진 느낌, 즉 평온을 찾는다. 하지만 은자는 보름달이 뜨는 밤에는 절대 그에게 와서는 안 된다고 말하지만, 결국 도둑은 은자가 믿고 있던 대천사 가브리엘이 실은 나쁜 정령임을 밝힘으로써 오히려 은자를 구원하게 된다. "내 삶을 바꾸려 하지 말거라. 오히려 삶을 바꿔야 할 사람은 너다. 그렇지 않으면 사탄의 먹이가 될 거다."라고 말하는 절대적 가치 체계 및 신념을 갖고 있는 은자. 반면 세상의 모든 죄를 갖고 있었던, 나쁜 면들을 먼저 발견할 수 있었기에 나쁜 정령을 물리치고 은자를 구할 수 있었던 도둑. 나는 이 책을 읽고 우선 사람들의 '신념' 즉, '가치체계'에 대한 생각을 해봤다. 신념은 한 사람이 이 세상을 살아가는데 있어서의 방향키와 같은 것일 텐데, 그것이 어느 한쪽 면에서만 확고부동했을 때 오는 결과는 이처럼 어리석게 비춰질 수도 있으리라. 또한 나는 도둑이었기 때문에 나쁜 정령을 먼저 볼 수 있었던 모습을 통해, 어떤 경우에도 절대 선(善)은 존재하지 않는다는 것을 깨달았다. 미하엘 엔데는 실로 위대한 작가이다. 그의 진지한 철학적 사유가 담긴 글과, 사실적이면서도 초현실적인 비네테 슈뢰더의 그림은, 우리를 삶에 대한, 신념에 대한, 절대적인 가치, 진실에 대한 통찰로 이끈다. 따라서 이 책은 확고부동한 가치체계를 갖고 있어 주변의 것들을 제대로 인식하지 못하는 사람들과 교만과 집착, 욕망에 사로잡힌 사람들에게도 권하고 싶다.

(6) 내 탓이 아니야 / 레이프 크리스티안손 / 고래이야기
(7) 모르는 척 / 우메다 슌사코 / 길벗어린이
(8) 거북이, 장가보내기 / 소중애 / 청어람주니어
(9) 기린과 열여덟 번째 낙타 / 요시다 미치코 / 주니어김영사
(10) 우리는 바다로 / 나스 마사모토 / 보림

"저기, 사토시……."
선실 반대쪽을 칠하던 구니토시가 말을 걸었다.
"마음속에 다이너마이트가 묻혀 있다고 생각해 본 적 있니?"
"다이너마이트?"
"응."
사토시는 붓질을 멈추고 곰곰 생각해 보았다.
"폭발해도 소리는 안 나지만, 펑 하면서 불꽃처럼 가슴속에 퍼지고……. 그러고 나면 굉장히 쓸쓸해져."

독서치료는 다양한 심리학적 이론들을 바탕으로 이루어지는데, 그 가운데 정신분석 이론은 내담자가 문학작품을 읽은 후 치료자와 나누는 상호작용 중에 일어나는 동일시와 전이, 카타르시스와 같은 개념들의 근거를 제시한다. 이를 조금 설명하면 치료자가 내담자에게 문학작품을 선정해 주었을 때, 작품을 읽는 내담자는 주인공에게 동일시를 하며 그 과정에서 자신을 잘 인식하게 되고, 이런 동일시를 통해 카타르시스를 맛보게 되어 심리적인 해방감도 갖게 된다는 것이다. 나아가 카타르시스는 자신에 대한 통찰도 가져올 수 있도록 돕

는다고 한다.

따라서 치료자는 내담자가 동일시와 카타르시스, 통찰을 얻을 수 있도록 돕기 위한 발문과 활동을 시행하는데, 만약 이 책을 읽은 내게 '동일시'를 느낀 부분이 어디였느냐고 묻는다면 앞서 적은 부분이라 말할 것이다. "마음속에 다이너마이트가 묻혀 있는 것 같아. 폭발해도 소리는 안 나지만, 그러고 나면 굉장히 쓸쓸해져."

이 동화에는 사토시와 구니토시, 마사아키와 시로라는 아이들이 나온다. 그들은 모두 같은 학교에 다니고 있지만, 시로를 뺀 나머지 친구들은 엘리트들만 다닌다는 '육영학원'에 다니고 있다. 아무리 노력해도 열등한 아이로 남을 수밖에 없음을 아는 시로는 학원을 오가는 길에 있는 '매립지'를 우연히 따라갔다가, 함께 배를 만드는 작업을 하며 자연스럽게 어울리게 된다. 마치 그러면서 자신의 열등한 모습을 보상받기 위한 것처럼. 하지만 갈수록 성적이 떨어져 홀로 자신을 키우는 엄마와 마찰이 있는 사토시, 겉으로 보면 그 어느 가정보다 단란해 보이지만 아버지의 외도와 그것을 모르는 척하는 엄마와 형 때문에 가슴이 답답한 구니토시 등, 주인공 모두는 탈출구가 필요한 하루하루를 살아가는 아이들이다.

그런 아이들에게 어쩌면 매립지의 오두막은 집이나 학교, 학원과는 대립되는 장소로 답답한 일상과 어른들의 감시를 피할 수 있는 마음의 쉼터와도 같은 곳이었으리라. 마침 그곳은 끝이 보이지 않는 푸른 바다와 인접한 곳이었으니, 그들이 조금씩 잃어 가는 희망을 다시 싹틔울 수 있는 암시적인 곳이었을지도 모른다.

하지만 그곳도, 그곳에서 만나 주고받는 잡담도 지루해져 갈 무렵, 아이들은 매립지에 버려진 목재 등을 이용해 배를 만들기로 한다. 의견이 모아지자 아이들은 학원도 빼먹으면서 열심히 배를 만드는데,

결국 폭풍이 치는 날 시로를 잃는 사고를 겪게 된다. 이 사건으로 아이들은 다시 학교와 부모로부터 '문제아'라는 지적을 받으며, 사회가 원하는 우등생이 되어 주기를 강요받는다. 그런데 시로가 죽은 지 며칠이 되지 않아 사토시와 구니토시는 다시 배를 수리해 멀고 먼 바다로 떠난다.

과연 두 아이들은 어디로 갔을까? 9월 초 야마구치 현 바닷가에서 발견된 파란 캔버스 천이 정말 그 아이들이 타고 떠났던 배의 돛으로 썼던 천이 맞을까, 아니면 마사아키의 바람처럼 어딘가 꿈처럼 아름다운 남쪽 섬에 상륙해서 로빈슨 크루소처럼 가슴 두근거리는 모험의 날들을 보내고 있을까? 어느 쪽일지는 작가와 두 아이들만이 알고 있겠지만, 독자의 입장에서는 그 어느 쪽이든 그들이 꿈을 이룬 것이라 생각된다. 남겨진 아이들이 함께 떠나지 못했음을 후회할 그런 꿈을.

필자는 상담을 위해 일주일에 한 번씩 중학교와 고등학교, 또한 복지관 등을 방문한다. 그럼 내담자로 오는 아이들이 대부분 학교에서 (선생님이) 바라보는, 사회에서 바라보는 문제아들인 경우가 많다. 그럴 때마다 '이 아이들에게는 아무런 문제가 없는데, 다만 그 아이들을 수용해주지 못하는 어른들과 학교, 사회가 문제다'라는 생각을 한다. 하지만 그들이 처해있는 현실이 그러니 딱히 해줄 수 있는 것이 적어서 늘 안타까움을 느끼고 있었다.

그런데 독서치료를 통해 그 아이들과 만날 때 활용할 수 있는 좋은 책이 또 한 권 출간되어 반가운 마음이다. 무엇보다 한두 번 그러다가 다시금 어른들과 사회의 압력에 의해 올바른(?) 자리로 돌아오는 모습이 아니라, 끝내 자신들의 희망을 찾기 위해 바다로 떠나는 주인공이 등장하는 책이어서 말이다. 아마 이 책을 청소년기 아이들에게 보여준다면, 많은 아이들은 동일시는 물론 카타르시스를 느낄 것이다. 더불어 그들 마음속에도 태평양처럼 넓고도 깊은 바다를 품게 되리라. 언제 터질지 모르는, 터지고 나면 굉장히 쓸쓸해지는 다이너마이트 대신.

4) 이성 및 성정체감 형성에 도움이 될 도서 자료

(1) 나의 그녀 / 이경화 / 바람의아이들

'짝사랑!' 아, 이 단어만으로도 벌써 가슴 한 편이 아려오는 분들이 있을 것 같다. '맞사랑', '연애'에 대비되는 말로, 흔히 '상사병'이라 말하기도 한다. 그런데 이 상사병이란 것은 사람을 죽음에 이르게 할 만큼 무서운 것인데, 그 유래는 중국 송(宋)나라 때부터라고 한다. 아무튼 짝사랑이나 상사병은 마음에 커다란 짐이 되는데, 결국 신체증상으로까지 나타나는 것은 물론, 심할 경우 정신적 장애를 일으킨다고도 하니 그야말로 질병이 아닐 수 없다. 마침 영국의 임상심리학자 프랭스 탤리스 박사는 '짝사랑도 병'이라며 의학적인 치료를 주장하고 나섰다고 하니, 이제는 짝사랑도 가볍게 봐서는 안 될 것 같다. 아무튼 청춘 남녀 사이에 짝사랑보다는 맞사랑이 많았으면 하는 바람인데, 이 책『나의 그녀』에도 과외 선생님을 짝사랑하는 중학생이 등장한다. 중학생 준희. 청소년일 뿐인 그는 친구들과 함께 받는 논술 과외 수업의 선생님을 짝사랑한다. 그래서 일주일 동안 그 수업을 기다리고, 수업을 마친 뒤 선생님과 함께 버스정류장으로 향하는 시간을 소중히 여기며, 꿈속에서까지 선생님을 만나게 된다. 결국 몇 번의 데이트도 허락 받아 함께 하지만, 둘 사이에는 넘을 수 없는 벽이 존재함을 실감할 뿐이다. 그런 중에 절친한 친구 준희(동명이인으로 나옴)는 어떤 사고로 인해 전학을 가게 되고, 같이 수업을 듣는 정아가 자신을 좋아하고 있음을 안다. 이 작품은 청소년기에 겪을 수 있는 여러 문제 상황들을 다룬다. 엄마의 부재, 아빠의 무능력, 사춘기의 성, 반항과 방황 등. 어디까지나 소설이기 때문에 너무 좋지 않은 상황들이 고루 엮인 게 아닐까 싶은 생각도 들지만, 그 시기를 거쳐 온, 그 시기를 지나고 있는 이들이라면 충분히 공감할 수 있을 것 같다. 사춘기를 지나고 있는 청소년들에게 권해주고 싶다. 이 책을 통해 그들의 고민을 조금이나마 나눌 수 있는 계기가 되었으면 한다.

(2) 오, 보이! / 마리 오드 뮈라이 / 솔

유머는 인간 존엄성의 선언이자 자신에게 닥치는 일에 대한 우월성의 확인이다. - 로맹 가리 -

이 세상을 살아가는데 있어 필요한 것이 정말 많지만, 그 가운데서도 '유머'라는 것은 우리 인생에 활력소가 되기 때문에 꼭 있어야 하지 않을까 생각된다. 특히 요즘 여자들이 배우자를 찾을 때 중요시 여기는 요소 중 하나가 바로 '유머감각'이라고도 하니, 나처럼 총각들은 이제 필수요건으로 갖추고 있어야 할 만큼 중요해졌다. 그러나 사실 아직까지도 우리나라의 경우 유머보다는 엄숙주의가 더 팽배해 있다고 보는 것이 맞을 것 같다. 반대로 서양 사람들은(미국이나 유럽 쪽, 물론 아닌 경우도 있지만) 유머와 위트를 더 갖고 있다고 보는데, 그런 긍정적인 생각들이 판타지는 물론 재치 넘치는 책을 써내는 기질로도 연결되는 것 같다.

여기서 소개해 드리는 이 책 『오, 보이!』 역시 진부하고 무겁다 할 수 있는 주제를 작가 특유의 유머로 풀어내어 너무나 재미있게 읽힌다는 매력이 있다. 아내는 물론 자식들까지 버리고 나가버린 아빠, 세제를 마시고 자살한 엄마, 백혈병에 걸린 고아와 그 동생들, 변변

한 직업조차 없는 동성애자 이복 형, 매 맞고 사는 아내 등이 주요 인물로 등장해, 가정 해체라는 문제에 직면한 세 남매가 다시금 가족이라는 틀 안으로 들어가게 되는 과정이 여러 에피소드와 함께 펼쳐진다. 그런데 이 소설에서 우리가 주의 깊게 봐야 할 것은 무엇보다 '인간에 대한 존중'이 작품 전체에 녹아 있다는 것이다. 아마 우리나라에서 같은 상황이 벌어졌다면 모두들 짐으로만 여기며 서로 떠넘기기 바쁘고, '누구 한 사람 온정을 보내주기나 할까?'라는 의구심이 들기도 하는데, 이 소설에서는 사회복지사, 후견담당 판사, 의사, 심리 상담의사 등 사회 시스템 내에서 일정 역할을 맡고 있는 사람들이 모두 제 몫을 해주고 있다. 이것이 바로 복지국가와 그렇지 않은 국가의 차이점이리라. 이 소설은 결국 우리에게 행복한 결론을 선사해 준다. 아마 그렇지 않았다면 세 남매가 너무나 불쌍했을 것이다. 요즘 우리나라에도 높아진 이혼율로 가정 해체를 경험한 청소년들이 많다. 그 청소년들에게 이 책을 권하고 싶다. 우리의 인생이 항상 유머 속에 함께 하기를 바라며!

(3) 소녀, 소녀를 사랑하다 / 낸시 가든 / 보물창고
(4) 속 깊은 이성 친구 / 장자끄 상뻬 / 열린책들
(5) 사춘기 마음을 말하다 / 잭 캔필드 / 위즈덤하우스
(6) 사춘기 / 차오원쉬엔 / 푸른숲

생의 발달 과정 중 청소년기만큼 다양한 변화와 문제를 갖고 있는 시기는 드물다. 따라서 붙여지는 이름도 다양한데, 필자는 이런 측면을 오히려 하나의 기회로 보고자 한다. 즉 주변 환경의 영향에 따라, 청소년기를 겪고 있는 청소년 자신이 얼마나 자신의 현재와 미래에 대해 고민하고 깨우쳐 나가는가에 따라, 긍정적으로 변화할 가능성이 큰 시기라는 것이다. 따라서 청소년에게 실질적인 도움을 줄 수 있는

부모나 교사, 그밖에 어른들은 자신에 대해 진지한 고민을 해야 하는 시기의 청소년들이 긍정적인 자아를 확립해 나갈 수 있도록 도와야 하는데, 적정한 사람에게 적정한 자료를 적정한 때에 제공(Getting the right book to the right person at the right time)함으로 인해 효과를 모색하는 독서치료적 관점에서 볼 때, 청소년들이 읽는 것만으로도 발달에 도움이 될 수 있는 도서자료의 제공은 가장 효과적인 방법일 수 있다.

첫 번째 만남

중학생의 자기성장을 돕기 위한
독서치료 프로그램

1. 프로그램의 필요성

국어사전에 따르면 성장이란, 사람이나 동식물이 자라서 몸무게가 늘거나 키가 점점 커짐이라고 되어 있다. 사전적인 의미만으로 성장을 설명하는 것이 그다지 마음에 들지 않는다. 그렇다면 자기를 성장하게 만든다는 것은 무엇일까? 그것은 스스로에 대한 정확하고 긍정적인 개념을 갖는 것에서부터 출발하는 것이 아닐까 생각한다. 남녀노소 모두의 과제이기도 한 자기성장. 하지만 어쩌면 우리 모두는 그 질문에 대한 답안을 완벽하게 쓸 수 있는 사람은 없을 것 같다.

현대를 힐링이 필요한 시대라고도 하고, 인문학이 답이라고 하기도 한다. 그런데 그 모두가 공통으로 얘기하고 있는 것 중 하나가 'Who am I?'에 대한 답을 찾는 것이다. 결국, 나는 누구인가, 어떻게 살 것인가에 대한 답을 찾아가면서 스스로 성장하는 것에 그 해답을 두고 있다는 것을 알 수 있다.

중학생이 되면 초등학교 때와는 다른 학교생활과 선택과 결정에 있어 자신이 책임질 부분이 조금씩 늘어 가는 상황 속에 스스로에 대한 다양한 질문을 해보게 되는 혼란한 시기를 맞게 된다. 이런 시기를 통해 우리는 자기성장을 경험하게 되는 것이다. 하지만 그냥 둔다고 알아서 성장하겠지 할 수 있는 것도 아니다. 바쁜 부모의 생활과 아이들의 생활이 현대에서 소통을 불가능하게 하는 많은 요인을 제공하고 있기 때문에 그들이 제대로 성장하도록 돕는 것도 앞선 세대의 책임 중 하나가 아닐까 한다. 그래서 그 책임을 보다 효과적으로 감당해 보자는 작은 마음을 담아 이번 프로그램을 계획하게 되었다.

특히 가치관 형성을 많은 회기에 걸쳐 구성하였는데, 이는 바람직한 자기성장을 위해 '자신은 물론 다른 사람을 현실적으로 볼 수 있으며, 객관적으로 살필 수 있어야 한다. 바른 가치관을 세운 사람이어야 한다.'라는 심리학자 존 카터 박사의 말을 참고하고자 했던 의도도 포함되었다. 그리고 가치관이 분명하지 않은 사람은 조그만 변화에도 크게 혼란되는 경향이 있으며, 특히 정립되지 못한 가치관은 청소년을 정상적이지 못한 삶으로 이끌 수 있다는 생각에서이기도 하다.

2. 프로그램의 구성

이 프로그램은 은혜지역아동센터의 중학교 1~3학년 14명(남자 10명, 여자 4명)을 대상으로 참여자들의 자기성장을 돕기 위해 구성되었다. 2014년 3월 4일에 시작해 총 12회, 회당 100분으로 이루어졌다.

크게 문제가 있는 참여자들이 아니기 때문에 중학생이라는 점을 감안해, 자신을 돌아보고 성장을 도울 수 있도록, 특히 가치관 형성에 집중한 자기성장에 초점을 맞추어 구성했다. 자료로는 그림책, 시, 동영상 등을 활용했고, 활동은 읽기, 쓰기, 말하기를 기본으로 미술활동, 글쓰기 활동을 중심으로 진행되었다.

회기를 거듭하면서 원래 구성한 계획과 달리 도서나 활동이 바뀌기도 했는데, 제시된 계획안은 수정 보완이 된 것이다. 프로그램 세부목표는 마음열기를 시작으로 욕구와 감정, 자기수용, 6가지 가치관 형성을 하고 미래의 나를 그린 후 마무리 하도록 구성했다.

관련 활동 중 '인생 그래프'는 두 번 진행이 되었는데, 앞부분에서는 현재까지의 인생 곡선을, 뒷부분에서는 미래의 인생 곡선을 그려보게 하여 자기성장 프로그램에 참여 후 미래의 나를 바라보는 관점에 대해 살펴볼 수 있도록 했다.

선정 자료 등은 파워포인트로 제작해 보여주어 집중도를 높였고, 참여자들의 활동과 발표를 중심으로 진행하였다.

〈표 1-1〉 중학생의 자기성장을 위한 독서치료 프로그램

세션	세부목표		선정 자료	관련 활동
1	마음 열기		도서 : 나는 누구일까요?	약속 정하기, 나 표현하기 인생 곡선 그리기, 자기소개
2	욕구 찾기		도서 : 마음아, 작아지지 마 동시 : 가끔 시 : 내가 원하는 것	모방 시 쓰기
3	감정 인식 및 조절		도서 : 쏘피가 화나면 정말, 정말 화나면… 도서 : 나, 화났어!	화 표현하기(그림, 신문) 및 조절하기(풍선)
4	나 수용하기		도서 : 얼룩이 싫은 얼룩소 도서 : 난 내가 좋아	전신상 그리기
5	가치관 형성하기	욕심과 절제	글 : 사람에게는 얼마만큼의 땅이 필요한가 도서 : 마음의 집	내 마음의 집 표현하기
6		인내와 준비	도서 : 사유미네 포도 도서 : 꼬마 아이를 먹을래	내가 준비해야할 것들
7		정직과 거짓	도서 : 벌거벗은 임금님 도서 : 빈 화분	활동지
8		변화와 도전	도서 : 사막에 숲이 있다 동영상 : 그걸 바꿔봐 동영상 : 의지 대 의지	신문의 변화 - 간단한 만들기
9		감사와 만족	도서 : 세 가지 질문 도서 : 두고 보자! 커다란 나무	편지 쓰기
10		성실과 노력	도서 : 행복한 청소부	북 아트 - 꿈 목록 쓰기
11	미래의 나		도서 : 당나귀는 당나귀답게 시 : 다섯 연으로 된 짧은 자서전	미래의 인생 곡선 그리기
12	마무리		도서 : 행복은 내 옆에 있어요	소감문 쓰기

3. 프로그램의 실제

중학생의 자기성장을 위한 독서치료 프로그램

제1회 마음열기
〈약속 정하기, 나 표현하기, 인생 곡선 그리기, 자기소개〉

프로그램 전체를 시작하는 첫 날이다. 지역아동센터에 다닌 지 오래된 참여자들이 많아 참여자 간의 마음 열기보다 치료사와의 마음 열기 작업이 필요한 시간이었다. 또한 서로 잘 안다고 해도 프로그램에 참여하면서 친하다고 지나치게 아는 척을 하거나 참여자의 속마음을 털어 놓는데 농담처럼 받아들이는 일이 있어서는 안 되기 때문에, 첫 시간은 매우 중요한 의미가 있다. 먼저 치료사 소개 후 전체 프로그램에 대한 안내를 하고, 이 프로그램을 통해 스스로 성장하는 계기가 되면 좋겠다는 이야기를 시작으로 진행하였다.

프로그램 안내 시 사용하게 될 자료에 대한 소개에서 그림책, 시, 동영상 등으로 구성했다는 이야기를 하고 활동도 다양하게 할 생각이라는 안내를 하자 반기는 분위기였고, 공부가 아닌 것 같아 좋다는 반응도 있었다. 영화를 보자거나 만들기를 하자거나 하는 반응들이 있었고 자유로운 분위기도 허용된다는 말에 생각 이상으로 열광하는 모습이었다. 센터에서 많은 아이들을 통제해야 할 필요성으로 인해 자유롭지 못했던 것에 대한 역반응인 듯 했다.

약속 정하기를 하고, 선정 자료를 통한 나눔을 한 뒤, 활동으로 나의 빈칸 책, 인생 곡선 그리기, 자기소개를 하였고, 첫 회기를 마친 소감을 듣고 마무리했다.

(1) 선정 자료

① 「나는 누구일까요? / 박윤경 지음, 윤지회 그림 / 웅진주니어」

이 책은 〈똑똑똑 사회그림책〉 시리즈 중 첫 번째 책이다. 주인공 '별이'가 맺고 있는 다양한 관계를 통해 부모, 선생님, 친구들, 이웃 등 여러 사람들과 어울려 살아가면서 겪는 사회적 관계와 그에 따른 별이의 역할들을 다양하게 보여 주는 그림책이다. 가족 안에서는 엄마 아빠의 딸, 미용실이나 식당에서는 손님, 병원에서는 환자인 별이가 어디에서 누구를 만나느냐에 따라 달라지는 자신의 모습을 재미있게 이해해 나가는 내용으로 진행된 책이다.

중학생이 되어도 나는 누구인가에 대한 대답을 명확히 할 수 있는 참여자들은 많지 않을 것이다. 깊이 있는 생각 속에서 나를 찾아보기보다는 가볍게 내가 관계하고 있는 대상들과의 사이에서 나를 살펴보는 것부터 해보자는 취지에서 선정하게 된 도서다. 유아용으로 생각할 수 있겠으나, 관계 속에서 나를 이야기하다 보면 참여자 개개인이 어떤 환경에서 누구와 관계를 맺고 있는지 알 수 있는 계기가 될 수 있을 것이다.

(2) 관련 활동

① 약속 정하기

프로그램에 참여하는 참여자들 간에 기본적으로 지켜야할 규칙을 정하는 과정이다. 친분이 있는 참여자들이기 때문에 약속을 정하는 것은 더 중요한 의미가 있다고 생각한다. 1번과 5번 문항은 치료사가 정해서 프린트를 했고, 나머지 2, 3, 4번 문항은 참여자들이 서로 동의하에 정하도록 하고, 항목이 모두 채워지면 날짜와 이름을 쓰고 사인한 후 함께 읽은 뒤 걷어서 보관하였다. 이렇게 약속을 정해도 잘 지켜지지 않을 때가 많다. 그럼에도 불구하고 실시하는 것은 하나의 의식을 행하면서 마음가짐을 새롭게 하고, 새로운 것에 열심히 임하자는 각오를 다지게 하는 의미도 있다.

② 나 표현하기

'나의 빈칸 책'을 채우는 활동이다. 우선 '나의 빈칸 책'은 문장에 빈 칸을 만들어 채우는 방식으로 문장을 완성해 가는 과정이다. 활동지를 보면, '나는 (   )을 일생에 꼭 한 번 하고 싶다.'부터 '내 스트레스는(   )을 하면 풀린다.' 등 20개 이상의 문장이 들어 있다. 이 문장은 대상(초, 중, 고 - 지역아동센터, 소년원, 일반 학교 등)에 따라, 알아보고 싶은 참여자 특성에 따라 치료사가 임의로 적절히 빼거나 넣어서 제시해도 될 것이다. 이 활동을 할 때 참여자들이 쓰기 싫다거나 바꾸어서 쓰면 안 되냐는 질문 등에 대해 알아서 해도 된다고 하였다. 빈 칸을 남겨 두는 참여자, 빼곡하게 다 쓰는 참여자 등 자율적으로 진행되었다. 전반적으로 여자 참여자들은 외모에 대한 관심이 많이 들어났고, 남자 참여자들의 경우 친구나 게임에 대한 관심이 많이 들어나는 것을 알 수 있었다.

독서치료에 있어 중요한 것은 결과물보다 참여자들이 활동하는 과정에서 드러나는 태도나 행동, 언어 등에 있다는 것을 기억한다면, 참여자의 자율성을 더 많이 보장해 줄 수 있을 것이다. 『청소년을 위한 독서치료』 1권에 활동 자료가 이미 제시되어 있기에 참여자들이 표현한 사례만 몇 개 제시를 했다.

③ 인생 곡선 그리기

A4 용지 가운데에 가로로 긴 선을 긋고, 왼쪽 끝에 0, 오른쪽 끝에 현재 나이를 쓰도록 한다. 그리고 선을 중심으로 위쪽에는 긍정적인 기억들을 정도에 따라(가운데 선에서 위로 갈수록 더 좋은 기억) 점을 찍고, 선에는 그 당시 나이를 표시하게 한다. 아래쪽에는 반대로 부정적인 기억들을(가운데 선에서 아래쪽으로 갈수록 더 나쁜 기억) 점으로 표시하게 한 후 이 선들을 이어 보도록 한다.

이 활동은 한 장의 종이에 자신이 살아 온 날들의 중요한 시점들을 담아 낼 수 있다는 장점이 있다. 그것을 보면 늘 좋았기만 했던 것도 늘 나쁘기만 했던 것도 아니라는 것을 느낄 수도 있고, 지나 온 날들을 정리해 볼 수도 있다. 치료사 입장에서도 짧은 시간 내에 참여자들의 다양한 정보를 알 수 있기 때문에 도움이 된다. 참여자의 현재 나이, 기쁨과 슬픔을 대하는 태도, 참여자가 중요하게 기억하고 있는 유의미한 사건들 등 말로 표현하기 힘든 것들도 알 수 있다는 장점이 있다.

④ 자기소개

자기소개는 '나 표현하기', '인생 곡선 그리기' 중 하나를 선택해 자유롭게 발표하도록 했다. 원하는 만큼 쓰게 했고, 발표도 하고 싶은 만큼만 해도 된다고 했다. 장난스럽고 아무렇지 않게 발표하는 참여자도 있고, 간단히 한두 가지만 이야기하고 내빼는 참여자도 있다.

우리들의 약속

나는 유익한 프로그램을 위해

    1. 프로그램에 빠지지 않겠습니다.

    2. 적극적으로 참여하겠습니다.

    3. 경청하겠습니다.

    4. 딴 짓하지 않겠습니다.

    5. 비밀을 지키겠습니다.

위와 같이 약속을 지키겠습니다.

2014. 3. 4.

이름 : 유 ○ ○

나?

나는 (세계일주)을 일생에 꼭 한 번 하고 싶다.

나에게 (살)은 지옥이다.

내 생각에 이 세상에서 가장 힘센 것은(킹콩)이다.

내가 가장 행복했던 일은 (내 얼굴 보기)이다.

나는 (새)처럼 살고 싶어.

나는 다른 친구들에게 (착)한 사람으로 인정받고 싶다.

나는 (x)처럼 죽고 싶어.

내가 (   )했던 건 잊고 싶다.

무엇보다 (거울)가 필요해.

(이쁘고 날씬)하다면 진짜 행복할 거야.

내게 (친구)가 유일한 희망이었던 적이 있었다.

나는 (아빠)때문에 제일 많이 울었다.

나는 (0)남 (2)녀 중 (2)째다.

나는 (친구) 덕분에 제일 많이 웃었다.

내게는 (거짓말)가 지나치다.

내가 가장 좋아하는 사람은 (x)이고,

나를 가장 좋아하는 사람은 (x)이다.

사랑은 (영원)해야 한다고 생각한다.

나는 (나)를 믿는다.

나는 (할머니 집)에 가는 것이 제일 싫다.

나는 (화를)는 **절대 못 참는다.**

(아플 때)할 때는 정말 움직이기 싫다.

내 스트레스는 (울면서 노래 부르면)를 하면 풀린다.

이름 : 강 ○ ○

나?

나는 (서울대에 들어가는 것)을 일생에 꼭 한 번 하고 싶다.

나에게 (학교)은 지옥이다.

내 생각에 이 세상에서 가장 힘센 것은(아빠)이다.

내가 가장 행복했던 일은 (부모님이 컴퓨터를 사준 것)이다.

나는 (의사)처럼 살고 싶어.

나는 다른 친구들에게 (공부 잘 하는)한 사람으로 인정받고 싶다.

나는 ( )처럼 죽고 싶어.

내가 (예의 없게)했던 건 잊고 싶다.

무엇보다 (컴퓨터)가 필요해.

(서울대에 간다면)하다면 진짜 행복할 거야.

내게 (컴퓨터)가 유일한 희망이었던 적이 있었다.

나는 (엄마)때문에 제일 많이 울었다.

나는 (1)남 (1)녀 중 (1)째다.

나는 (개그 프로그램   ) 덕분에 제일 많이 웃었다.

내게는 (컴퓨터)가 지나치다.

내가 가장 좋아하는 사람은 (아빠)이고,
나를 가장 좋아하는 사람은 (엄마)이다.

사랑은 (잘)해야 한다고 생각한다.

나는 (아빠)를 믿는다.

나는 (학교)에 가는 것이 제일 싫다.

나는 (컴퓨터)는 절대 못 참는다.

(컴퓨터)할 때는 정말 움직이기 싫다.

내 스트레스는 (컴퓨터)를 하면 풀린다.

이름 : 김 ○ ○

〈참여자 활동예시 1-3〉

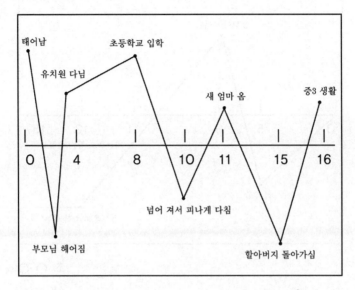

유 ○ ○

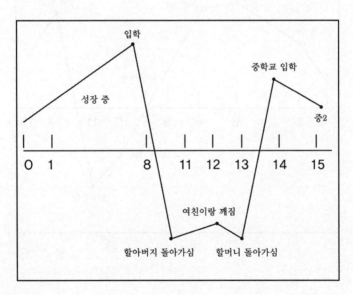

이 ○ ○

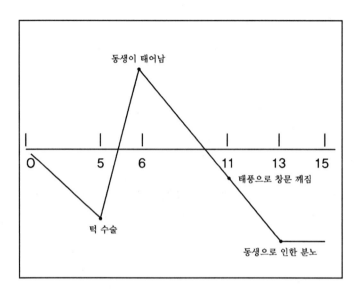

조 ○ ○

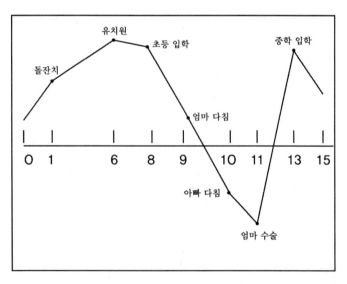

임 ○ ○

욕구 찾기
〈모방 시 쓰기〉

욕구란 무엇을 얻고자 하거나 무슨 일을 하고자 하는 바람을 말한다. 이번 회기에서는 참여자들의 욕구 표현을 알아보기로 하였다. 위축 요인이 있어 자신의 욕구 표현을 잘 하지 못할까 해서 먼저 〈마음아, 작아 지지 마〉라는 도서를 보며 의기소침해 지지 않도록 했다. 그리고 욕구가 담긴 두 편의 시를 읽고 마음에 와 닿는 부분에 밑줄을 그어 보며 동일시를 느껴 본 후 원시를 바탕으로 모방 시를 써 보는 시간을 가졌다. 모방 시를 통해 자신의 욕구를 표현하며 자신이 바라는 것이 무엇인지 인식하는 것을 목표로 하였다.

(1) 선정 자료

① 「마음아, 작아지지 마 / 신혜은 지음, 김효진 그림 / 시공주니어」

네버랜드 감정 그림책 제8권 「마음아, 작아지지 마」의 주인공 부바는 또래 친구들에 비해 키도 작고, 구름도 보고 개미도 피하느라 달리기도 못하고, 글씨도 잘 쓰지 못한다. 그래서 열등감을 갖고 의기소침 해진다. 부바가 열등감을 느낄 때마다 마음의 크기가 작아지고, 더불어 외모도 작아진다. 꽃을 만나 꽃과의 대화를 통해 칭찬을 받고 용기를 얻을 때마다 반대로 마음이 커지고 외모도 커지며 환하게 웃게 되는 전개 방식을 가진 책이다.

중학생이 되면서 노는 시간은 줄고 친구가 전부인 양 느껴지는 시기에 친구와의 관계에도 사소한 오해가 생겨 속상하기도 하다. 어른들이 모르는 많은 상황들이 참여자들의 마음을 작아지게 만든다. 하지만 이 책을 만나다 보면, 남보다 못한 자신의 모습에 열등감을 느끼는 대신, 자신의 장점을 발견하고 열등감을 극복할 수 있는 힘을 가지게 될 것이다.

② 「가끔 : 시집 '거인들이 사는 나라' 中 / 신형건 지음, 김유대 그림 / 푸른책들」

이 동시집은 신형건 시인의 작품이다. 2000년에 출간한 이후 꾸준히 사랑받고 있는 동시집으로, 기존의 시적요소를 따지기보다 상상력을 잘 담아 편안하게 쓴 시라고 생각한다. 그 중 모방시의 원시로 사용하게 될 '가끔'이란 시는 누구나 한 번쯤, 가끔 하고 싶은 일이나 가끔 하기 싫은 일들을 일상 언어를 통해 편하게 표현해 내고 있다. 그래서 참여자들의 공감을 쉽게 끌어내 주고 누구라도 쉽고 편하게 모방시를 쓰면서 자신의 욕구를 표현하기 좋은 자료라고 생각한다.

③ 「내가 원하는 것 : 시집 '지금 알고 있는 걸 그때도 알았더라면' 中 / 류시화 엮음 / 열림원」

이 시는 '자디아 에쿤다요'가 시인으로 되어 있기도 하고, 더러는 작자 미상으로 알려져 있기도 하다. 원문은 다음과 같다.

내가 원하는 것은 함께 잠을 잘 사람
내 발을 따뜻하게 해주고
내가 아직 살아있음을 알게 해줄 사람
내가 읽어주는 시와 짧은 글들을 들어줄 사람
숨결을 냄새 맡고 내게 얘기해줄 사람
내가 원하는 것은 함께 잠을 잘 사람
나를 두 팔로 껴안고 이불을 잡아당겨줄 사람
등을 문질러주고 얼굴에 입 맞춰 줄 사람
잘 자라는 인사와 잘 잤냐는 인사를 나눌 사람
아침에 내 꿈에 대해 묻고

자신의 꿈에 대해 말해줄 사람
내 이마를 만지고 내 다리를 휘감아줄 사람
편안한 잠 끝에 나를 깨워줄 사람
내가 원하는 것은 오직
사랑하는 사람

제목 자체가 '내가 원하는 것'이라는 욕구 표현을 하기에 좋은 시라 선정하였지만, 중학생인 참여자에게 원문을 그대로 활용하기에는 다소 무리가 있지 않을까 하는 생각이 들어 치료사가 임의로 바꾼 내용을 제시해 읽었다. 물론 더 좋은 다른 시를 원시로 사용할 수 있겠으나, 제목이 주는 명확성과 쉽게 접근해 모방해서 시를 쓸 수 있겠다는 점이 굳이 이 시를 선택한 이유이다.

(2) 관련 활동
① 원시 읽기
먼저 제시한 두 편의 시를 읽었다. 읽은 후 전체적인 느낌을 나누었고, 이후 가장 기억에 남는 행에 밑줄을 긋도록 했다. 몇몇 참여자들에게 왜 그 부분이 기억에 남았는지를 묻고 이유를 들었다. 〈가끔〉을 선택한 참여자는 두 명으로 '아무 집 초인종이나 마구 누르고 싶어'와 '집을 뛰쳐나가고 싶기도 해'를 선택했고, 이유는 일탈된 행동을 해 보고 싶어서라고 했다. 그 밖의 참여자는 〈내가 원하는 것〉에서 '내 마음을 이해해 주고'와 '방해받지 않는 상상의 시간' 등 자유나 이해, 시간에 대한 부분에서 더 많은 공감을 느꼈다. 2회기인데도 말도 많이 하고 발표도 서로 하려는 모습을 보이기도 했다.

② 모방 시 쓰기
모방 시는 시의 요소 중에서 어떤 시의 형식 요소와 표현법을 그대로 모방해서 쓴 시를 말한다. 행과 연, 운율 그리고 표현법이 원시와 비슷해야 모방 시라 할 수 있다. 즉, 모방 시란 '원시가 가진 형식적인 특징을 그대로 모방하여 새로운 주제로 재창조한 시'라고 할 수 있다.

그러나 이 프로그램에서는 참여자들이 새로운 주제로 재창조한다기보다는 편하게 자신이 하고 싶은 것이나 하기 싫은 것들, 그리고 원하는 것을 좀 더 자유롭게 쓸 수 있도록 많은 제약을 주거나 문학적 측면에서의 설명은 피하였다.

원만한 진행을 위해 처음에는 시의 제목을 적게 한 뒤 이름을 쓰게 했다. '가끔'을 가지고 모방 시를 쓰는 참여자에게는 시의 처음에 '늘 그런 건 아니지만, 가끔'으로 시작하고 마지막엔 '가끔 아주 가끔'을 쓰도록 했다. 이 또한 강제성은 없으며 막막해 하는 참여자를 배려한 차원에서 한 것이다. '내가 원하는 것'을 선택한 참여자에게는 제목, 이름을 쓴 뒤, 첫 줄에 '내가 원하는 것은'으로 시작되는 문장을 완성해 보게 했다. 이어서 연을 바꿀 때마다 '내가 원하는 것은'을 반복적으로 담을 수 있도록 했다.

가끔

신형건

늘 그런 건 아니지만 가끔
빨간 불이 켜져 있는데 길을 건너고 싶어.
가끔 학교에 가기 싫을 때도 있고
일부러 숙제를 안 하기도 해.
갑자기 나보다 덩치가 큰 뚱보한테
괜히 싸움을 걸고 싶고 가끔
아무런 까닭 없이 찔끔 눈물이 나
그래, 항상 그렇진 않지만
만화가 보기 싫어지기도 하고
공부가 막 하고 싶기도 해.
어느 때 술 취한 어른들처럼
길가에 쉬를 하기도 하고
아무 집 초인종이나 마구 누르고 싶어.
늘 다니던 골목길이 낯설어 보이고
갑자기 우리 집을 못 찾을지도
모른다는 생각이 들어.

어쩌다 엄마가 너무 잘 해주는 날이면
퍼뜩, 난 주워 온 아이라는 생각이 들고
집을 뛰쳐나가고 싶기도 해.
그래서 아무 데고 막 가 보다가도
결국은, 나도 모르게 우리 집으로
발길을 돌리곤 하지.
가끔, 아주 가끔

『거인들이 사는 나라 / 신형건 지음,
김유대 그림 / 푸른책들』

내가 원하는 것

치료사 수정본

내가 원하는 것은
나와 무엇이든 함께 해 줄 사람
내 마음을 이해해 주고
내가 살아있음을 고마워하게 해 줄 사람
내가 하는 이야기와 투정을 받아줄 사람

내가 원하는 것은
하늘을 맘껏 바라볼 여유
내 마음이 향하는 곳을 바라볼 자유
끊임없는 공상과
방해받지 않는 상상의 시간

내가 원하는 것은
나의 실수를 두 팔로 껴안아줄 이해
내 꿈에 대해 물어주고
그 꿈을 지지해 줄 응원

내가 원하는 것은
내가 나로 사는 것
오직
그것 뿐.

내가 원하는 것

이 ○ ○

내가 원하는 것은
나와 어디든지 같이 갈 사람

날 좋아해 주고
죽고 싶을 때 위로와 힘이 돼 주는 사람
내가 살면서 쌓인 스트레스를 풀어주는 사람

내가 원하는 것은
커피 한 잔의 여유
넓은 곳을 바라볼 자유
공허한 마음을
따뜻하게 채울 시간

내가 원하는 것은
게임을 하는 것
내 꿈을 실천하고
그 꿈을 성공하는 사람

내가 원하는 것은
나 혼자 사는 것
커피 한 잔의 여유

68

내가 원하는 것

김 ○ ○

내가 원하는 것은
내가 원하는 대로 해 주는 사람
내가 원하는 것을 알아주고
내가 원할 때마다 와줄 사람
내가 원하지 않는 것을 안 해줄 사람

내가 원하는 것은
잠을 맘껏 잘 수 있는 여유
내가 원하는 것을 마음대로 할 수 있는 자유
끊임없는 재미와
방해받지 않는 환상의 시간

내가 원하는 것은
나의 삶을 함께 가주는 친절
내 꿈에 대해 인정하고
그 꿈을 인정해 줄 응원

내가 원하는 것은
내가 성공하는 것
오직
그것 뿐

가 끔

김 ○ ○

늘 그런 건 아니지만 가끔
가끔 옥상에 올라가 뛰어 내리고 싶어
가끔 가방을 안 들고 학교에 등교하고 싶어
그리고 친구를 한 대 때려보고 싶고
가끔 초능력이 있었으면 좋겠고
가끔 방해받지 않는 곳에 가고 싶어
가끔 상상한 그대로 이루어졌으면 좋겠고
가끔 도라에몽이 진짜 있었으면 좋겠고
가끔 학교가 사라졌으면 좋겠어
가끔 아주 가끔

감정 인식 및 조절
〈화 표현하기, 조절하기〉

이번 회기에서는 감정에 대해 다루었다. 자기 성장을 위해서는 자기 인식 및 자기이해, 그리고 자기 개방을 할 수 있어야 할 것이다. 그 중 자기 인식에 있어 스스로의 감정을 정확하게 인식해야 관계 속에서 자신을 적절하게 표현할 수도 있고, 조절 또한 효과적으로 할 수 있다고 생각한다. 감정을 인식한다는 것은 자신의 감정과 함께 욕구를 인식하는 것이라고도 할 수 있다. 감정 인식이 명확하지 못하면 엉뚱한 대상에게 엉뚱한 방식으로 감정을 표출하게 되는데, 이는 남녀노소를 막론하고 모두 여러 번 경험한 일일 것이다. 그만큼 감정 인식은 중요하지만 사실 쉽지 않은 일이다.

그래서 이번 회기에서는 우리의 감정은 다양하며 하루에도 수십 번 변화하는 것은 당연한 것이라는 것을 간단히 인식하고, 그 중 '화'라는 감정에 집중해서 그림으로 표현하고 몇 가지 활동을 통해 '화' 감정을 해소하는 문제에 대해 접근하였다.

참여자들 다수가 화가 나는 경우에 대해 할 말들이 많아 이야기가 길어져 계획했던 신문 찢기는 하지 못했다. 해결 방법에 대해서는 혼자 푸는 방법이나 게임으로 해결하는 경우가 많다고들 했는데, 풍선을 통해 화를 그대로 표출하는 것과 조절에 대한 설명을 듣고는 공감하는 모습을 보이기도 했다.

(1) 선정 자료

① 「쏘피가 화나면 정말, 정말 화나면… / 몰리 뱅 지음, 이은화 옮김 / 케이유니버스」

다양한 감정 중 화라는 감정은 대부분의 사람들이 부정적인 감정으로 생각하고 가지면 안 되는 감정이라고 생각 하는 경우가 많다. 하지만 누구나 종종 화를 낸다. 다만 어떤 경우에 왜 화가 나는지 알고 잘 조절할 수 있도록 하는 것이 중요하다.

이 책에 나오는 주인공 쏘피도 고릴라 인형을 가지고 놀다가 언니가 인형을 뺏는데, 그 순간 엄마가 언니의 편을 들어 주고 장난감 트럭에 걸려 넘어지기까지 한다. 정말, 정말 화가 나는 일이다. 그래서 소리를 빨갛게 지르고 밖으로 뛰쳐나가 지칠 때까지 달린다. 하지만 결국 시간이 흐르면서 마음에 안정을 되찾는다는 이야기다.

가정 내에서는 부모가 형제 중 한 명의 편을 든다고 생각하거나 차별이나 비교할 때 가장 많이 화가 난다고 하며, 그 밖의 곳에서는 편견, 오해, 잘난 척 등이 화가 나는 요인이라고 말했다.

누구든 화가 나면 매우 공격적이 될 수 있다. 그러면서 사람들은 화가 날 때 해결책을 찾으려 한다. 이 책을 읽으면서, 참여자들은 쏘피가 화를 어떻게 푸는지 보게 된다. 그러면서 자연스럽게 자신들은 어떻게 했었는지에 대해 생각해 볼 수 있을 것이다.

② 「나, 화났어! / 제인 클라크 지음, 찰스 퓨지 그림, 든손 옮김 / 미세기」

이 책은 주인공 아기 코끼리 트럼펫이 화가 나면 자신의 감정을 주체하지 못하는 것을 통해, 화를 다스릴 수 있는 방법을 알아보는 그림책이다. 더불어 엄마도 나처럼 화를 낼 수 있고, 어린 나도 엄마를 도와줄 수 있다는 것을 알려주어서 관계 속에서 내가 화가 나면 남도 같은 경우를 겪을 수 있다는 것을 알고 대처할 수 있도록 도움을 줄만한 책이다.

참여자 다수도 자기의 감정이 어떤 상태인지 몰라 엉뚱한 곳에서 풀거나 폭력적으로 폭발시키기도 하는데, 숫자 세기라는 방법을 통해 화를 잘 조절하도록 배울 수 있다. 또한 자연스럽게 참여자들은 어떻게 화를 풀고 있는지 방법을 나누기에도 적당한 도서다.

(2) 관련 활동

① 그림으로 화 표현하기

도화지를 나눠 주고 준비한 그림도구를 통해 화를 그림으로 표현하게 했다. 참여자 중에는 빨강이나 검정, 단색으로 색칠하기도 하고 xxx로 욕을 표현하기도 하고, 손에 무기가 될 만한 도구를 들고 있는 그림을 그리는 경우가 있었다. 그림을 그리면서 자신이 언제 그처럼 화가 났었는지도 생각해 보라고 하였는데, 대부분 비교나 차별, 다른 친구들의 말투가 거슬릴 때나 나댈 때 짜증이나 화를 경험한다고 했다. 참여자들 다수가 차분하게 화에 대해 떠올리고 절제된 상태에서 그림을 표현하였다.

② 신문 찢기

신문 찢기는 말 그대로 신문지를 많이 주고 시간을 정해 실컷 찢어 스트레스를 해소할 수 있도록 하는 것이다. 화가 났던 때를 떠올리며 죽죽 신문을 마음 가는대로 길게 혹은 작게 찢는 것이다. 참여자들 가운데는 감정이 올라오는 경우 얼굴이 벌게질 때까지 온 힘을 다해 찢는 경우도 많다. 이렇게 하고 나면 찢은 신문을 처리하는 문제가 남는다. 이럴 때는 바닥에 널려 있는 신문을 동그랗게 모아 테이프를 붙여 공을 만들게 한다. 그리고 그 공으로 벽을 향해 던지도록 해서 에너지를 발산시키게 한다. 그러면 사후 처리도 깔끔하게 되고, 앉아만 있던 참여자들에게 움직임을 통해 역동을 일으킬 수 있는 장점도 있다. 만약 장소가 신문을 찢기 어려운 구조라면 신문지 펀치를 권장한다.

③ 화 조절하기

풍선을 준비해 풍선 안에 화(공기)를 불어 넣게 한다. 점점 커지면 터질까 조바심이 나기도 하고, 더 크게 불어서 터트리는 경우가 나오기도 한다. 시원하다는 말도 나오고, 터질까봐 불안했다는 말도 나온다. 이 때 풍선을 통해 몇 가지를 보여 준다. 우선 화가 난다고 참고 있다가 한꺼번에 화를 터트리면 풍선이 '펑' 하고 터지는 것처럼 감정도 주체할 수 없어진다는 것, 다음으로 커다랗게 부푼 화가 담긴 풍선을 손에서 확 놓아 보게 한다. 그러면 여기저기 부딪히며 바람이 빠진 풍선은 어딘가에 떨어지게 된다. 하지만 이때 손에서 놓지 않고 조금씩 공기를 빼면 풍선이 줄어들면서 손 안에 그대로 남아 있게 된다. 눈으로 직접 보면서 화라는 것을 구체적으로 접하게 되는 모형인 셈이다.

화를 조절하는 다른 방법으로 선정 자료에 제시된 것처럼 숫자를 1부터 10까지 세어보게 하는 것이다. 그러는 동안 화가 가라앉는 다거나 최소한 조금은 마음을 가라앉혀 실수를 줄일 수 있다는 것을 인식시키는 것이다.

이후에는 참여자 각자가 화가 나면 어떻게 대처하는지 좋은 방법들이 있다면 경험을 통해 이야기 하게 해본다. 혼자 방에 들어가 생각할 시간을 가져 본다거나, 우선 그 자리를 피하고 화가 가라앉으면 상대와 다시 이야기를 해서 자신의 감정을 전달한다거나 하는 다양한 방법을 나눌 수 있다.

〈참여자 활동예시 3-1〉

　-약속 안 지킬 때, 기분 상하게 할 때, 무시할 때　　**강** ○ ○

〈참여자 활동예시 3-1〉

　-나댈 때, 비교할 때, 시비걸 때, 말투가 짜증날 때　　**박** ○ ○

〈참여자 활동예시 3-1〉

이 ○ ○

- 아 놔, ×××× 같으니
- 이유 없이 혼날 때, 동생이 시비걸 때, 게임시작하자마자 밥 먹
  으라고 할 때

〈참여자 활동예시 3-2〉

제4회	나 수용하기
	〈전신상 그리기〉

나를 수용한다는 것은 아무런 비판 없이 있는 그대로의 나를 수용하는 것이다. 그런데 이것이 생각만큼 쉬운 일은 아니라는 생각이 든다. 그래서 이번 회기에는 보이지 않는 나를 수용하기에 앞서 눈에 보이는 신체상을 정립해 가는 과정을 통해 자기 성장의 한 발을 내딛는 시간으로 형상화 하려고 계획해 보았다. 도서 〈얼룩이 싫은 얼룩소〉를 보며 다음 상황에 대한 예측도 하고, 얼룩도 자신의 일부이며 받아들여야 한다는 것에 대해 공감을 해보았다. 간단하면서 전해주는 메시지가 분명해 참여율이 높았다. 도서 〈난, 내가 좋아〉에서는 주인공이 있는 그대로의 자신을 받아들이는 모습을 보면서 자신에 대한 긍정성을 가져볼 수 있었다. 이후 전신상 그리기를 하였는데, 이 활동에서는 처음엔 재미와 흥미로 시작했다가 시간이 지날수록 힘들어 하는 참여자가 생기기도 했다. 처음부터 포기하고 다른 참여자를 돕는 경우와, 끝까지 못 그린 경우 둘을 제외하고 모두 완성하여 맘에 들어 했다.

(1) 선정 자료

① 「얼룩이 싫은 얼룩소 / 파블로 베로나스코니 지음,
고정아 옮김 / 미세기」

목장의 얼룩소 한 마리가 어느 날 자신의 얼룩이 싫어서 온몸을 박박 문질러 까만 얼룩을 없애고 하얀 젖소가 된다. 그런데 하얀 양이 오더니 자신은 하얀 색이 얼룩인 줄 알았다는 말을 한다. 그런가 생각한 얼룩소는 이번엔 까만 칠을 하고 흡족해 한다. 그러나 이번엔 까만 멧돼지가 와서는 자신과 같은 돼지라고 생각을 하자 얼룩소는

슬퍼진다. 그리고 다시 자신의 모습인 얼룩소로 돌아간다는 이야기다. 여러 번의 변화를 겪고 자신의 모습을 되찾은 얼룩소를 우리는 정체성을 찾았다고 말한다. 자신의 모습을 사랑하기까지의 과정을 유쾌하게 담은 그림책이다. 태어나면서 얼룩소였는데 중요한 건 어느 날, 문득 그런 자신의 모습이 싫어질 수 있다는 것이다. 모든 게 맘에 들지 않고 잘못된 느낌이 들기도 하고⋯. 누구에게나 있을 수 있는 일이다. 특히 중학생 참여자들에게는 말이다. 그래서 이 책을 선정했다. 어느 날 갑자기 내가 싫어진 부분이 있는지 그래도 나여서 좋은 것은 없는 지에 대해 편하게 이야기를 끌어낼 수 있는 도서라고 생각했고, 참여자들도 전하는 메시지를 고스라니 받아들이는 모습을 보였다. 긍정적인 자아상을 가지기에 충분한 도서라고 생각한다.

② 「난 내가 좋아 / 카렌 보몽 지음, 데이비드 캣로우 그림, 박소영 옮김 / 킨더랜드」

'난 내가 좋아, 나는 내 모습이 마음에 들어'로 시작되는 이 책은, 나를 대신할 사람이 이 세상에 없다는 것과 양가감정을 가지는 상황과 태도 등 모두를 그대로 받아들이며, 누가 뭐라고 하든 상관없다는 주인공의 유쾌하고 발랄한 모습이 담겨 있다. 어떤 경우라도 바뀌지 않을 말이라며 '내 모습 그대로의 내가 나는 참 좋아' 하며 마무리가 된다.

참여자들 모두가 아니 모든 사람들이 이렇게 긍정적으로 자신을 수용할 수 있다면 행복할 수 있지 않을까 하는 생각이 들게 하는 책이다. 그리고 '나도 내가 좋아' 하며 마무리 하게 된 책이다.

(2) 관련 활동

① 활동지

도서 〈얼룩이 싫은 얼룩소〉와 〈난 내가 좋아〉를 보고 동일시, 카타르시스, 통찰에 따른 발문을 하면서 참여자들의 이야기를 들어 보는 시간을 잠깐 가졌다. 활동지를 나누어 주고 적게 한 후 이야기를 듣는 게 일반적이지만, 이번 회기에서는 전신상 그리기가 활동이라 시간이 부족할 것을 감안해 활동지를 나눠주지 않고 치료사가 하는 발문을 듣고 참여자들이 즉답을 하며 서로의 이야기를 나누는 형식을 취했다.

기억에 남는 장면이 다양하기는 했지만 〈얼룩이 싫은 얼룩소〉에서 검은 색으로 칠하고 났더니 멧돼지가 와서 이야기하는 장면을 가장 많이 꼽았다. 얼룩소인데 자신의 얼룩이 싫었을 때는 짜증났을 것 같다는 생각을 했다는 등 각자의 경험과 맞물려 이야기를 나누었다. 다른 사람을 신경 쓰지 않고 살기란 쉽지 않은 것 같다는 것이 다수의 참여자들 생각이었고, 하지만 그럴 수 있다면 좋을 것 같다는 말들을 많이 하였다.

② 전신상 그리기

* 종이를 벽 또는 바닥에 붙인다.
* 종이 위에 참여자 중 한 명이 눕거나 선다.
* 다른 짝이 신체 본을 그려 준다.
* 본을 다 그렸으면 짝을 바꾸어 그린다.
* 그려진 자신의 본에 눈, 코, 입 등 그리고 싶은 것을 그려 넣는다.
* 완성 후 벽에 붙이고, 그림에 대한 느낌을 나눈다.

위와 같은 방법으로 전신상을 그려나갔다. 특이사항은 한 참여자가 초록색으로 전신상 전체를 색칠한 경우였다. 신체 본 뜬 것이 마음에 들지 않는다며 다시 그려달라고 해서 짝과 치료사가 함께 다시 본을 그려주기도 했던 참여자인데, 그렇게 늦게 시작해서 처음에 힘들게 꼼꼼히 칠하면서 다른 참여자들에게 도움을 청하기도 했으나 결국 완성하지 못했다. 초록색으로만 그린 이유를 물었을 때, 초능력을 가진 자신의 모습을 상상하며 그린 것 같은 말을 하기도 했다. 평소에도 다소 현실감이 떨어지는 면이 있는 참여자라 관심을 갖고 지켜본 참여자이기도 하다. 전신상을 완성하고 벽에 원하는 장소에 붙이고 느낌을 나누고, 더 고쳐주고 싶은 부분이나 가장 맘에 드는 부분 등에 대해 나누고 마무리 하였다.

얼룩이 싫은 얼룩소

1. 읽어 본 두 개의 도서 가운데 마음에 드는 장면이 있었나요?
   이유와 함께 이야기해 보세요.

2. 얼룩소인데 얼룩이 싫었던 얼룩소는 어떤 기분이었을까요?

   내가 만약 그 입장이었다면 기분이 어땠을까요?

3. '난 내가 좋아'의 주인공은 '다른 사람이 어떻게 생각하든 뭐라고 말하든 상관없어'라고 말합니다. 그렇게 할 수 있는 것은 무엇 때문이라고 생각하나요?

4. 지금 나에게 해 주고 싶은 말이 있다면 무엇인지 이야기 해보세요.

〈참여자 활동예시 4-2〉

〈참여자 활동예시 4-2〉

〈참여자 활동예시 4-2〉

〈참여자 활동예시 4-2〉

가치관 형성 - 욕심과 절제
〈내 마음의 집 표현하기〉

이번 회기에는 가치관 형성의 첫 번째로 욕심과 절제에 대한 이야기를 준비했다. 욕심이란 어떠한 것을 정도에 지나치게 탐내거나 누리고자 하는 마음을 말한다. 풀이 된 것으로 생각해 보면 욕심은 내서는 안 되는 것이라는 생각이 든다. 그런데 욕심이라는 것이 부정적인 요인만 있는 것은 아니다. 적당한 욕심은 자기 성장에도 도움이 될 뿐만 아니라 필요한 것이기도 하다. 그러나 부정적인 욕심은 절제가 안 되면 자신에게도 타인에게도 좋지 않은 영향을 미칠 뿐이다. 절제는 정도를 넘지 않도록 알맞게 조절하거나 제어하는 것을 말한다. 그래서 마음속의 집에 비추어 내 감정, 그 중 욕심과 절제에 대한 부분을 부각해 나누어 보는 시간을 가져 보았다. 적당한 욕심과 그것을 절제하는 힘이 생긴다면 성장에도 도움이 될 것이라고 생각한다.

(1) 선정 자료

① 「마음의 집 / 김희경 글, 이보나 흐미엘레프스카 그림 / 창비」

한국의 작가 김희경 씨가 글을 쓰고 폴란드의 그림 작가 이보나 흐미엘레프스카가 그림을 그린 그림책이다. 〈마음의 집〉은 '마음'에 대한 철학적 메시지를 쉽게 풀어 쓰고 있다. '집'이라는 익숙한 공간을 통해 보이지 않는 마음에 대해 이야기를 구체화시켜 제시한다. 자신만 생각하기에 바쁜 아이들이 타인의 마음을 들여다보고 이해하도록 이끌고 있다. 마음에 존재하는 다양한 감정들을 나타내는데 서투른 아이들에게 자신의 마음을 들여다 볼 수 있게 해준다. 마지막 부분에는 아이들이 자신의 마음의 집을 들여다볼 수 있게 하면서 마무리하였다. 책 말미에 치료사도 참여자들에게 '네 마음의 집을 소개해 줄래?' 할 수 있도록.

다양한 감정들에 대해 말할 수 있는 책이지만, 그 감정들 중에서 이 책을 통해 욕심과 절제에 대해 이야기해 보려고 한다. 욕심이 생기고 절제가 필요할 때 내 마음은 어떻게 하는지, 어떤 방에 어떤 모양으로 두는지 말이다.

② 「사람에게는 얼마만큼의 땅이 필요한가 : 톨스토이 단편선 中 /
　L. N. 톨스토이 지음, 박우정 옮김 / 문예춘추사」

러시아의 작가 톨스토이의 단편집 중 한 편이다. '사람에게는 얼마만큼의 땅이 필요한가'는 주인공인 한 사나이가, 탐욕에 의해 해가 저물기 전에 한 치의 땅이라도 더 얻으려고 욕심을 부리다가 지쳐 쓰러져 죽고 겨우 자신이 묻힐 만큼의 땅을 얻었다는 이야기다. 읽어 오도록 미리 과제를 내주었으나 읽어 온 참여자가 없었고, 혹시나 싶어 미리 준비한 줄거리 요약을 함께 읽고 간단히 이야기를 나누었다.

(2) 관련 활동
① 마인드맵
회기 들어가고 도서를 읽기 전에 마음하면 떠오르는 것들을 편안하게 마인드맵으로 표현해 보게 했다. 활동 예시에서는 참여자들에게서 공통적으로 나온 단어들을 모아 표시해 두었다. 활동을 통해서 참여자들이 최근에 가지는 생각들이나 관심사까지 알 수 있었다.

② 톨스토이 단편 읽기
미리 계획한 것은 아니었으나 읽어 온 참여자들이 없어 준비해 간 줄거리 요약본을 읽고 이야기 나누는 시간을 가졌다. 다른 활동이나

시간에 크게 문제가 되지 않는다면 단편집을 가지고 가서 전체를 다 읽는 것도 괜찮을 것 같다. 분량이 아주 많은 것은 아니니 말이다. 중학생들이라 안 읽어 오는 참여자도 있을 것이라고 예상은 했으나, 참여자들이 열심히 프로그램에 참여하는 적극성을 보이기에 믿는 마음도 컸던 것 같다. 항상 프로그램에 대해 발생할 수 있는 상황에 대한 대책을 준비 하는 것은 중요한 일이라는 것을 다시 한 번 경험하기도 했다.

③ 마음의 집 표현하기

도서 〈마음의 집〉을 읽고 주어진 집 설계도에 표시된 거실, 침실, 부엌, 화장실 등에 자신의 마음을 표시해 보는 활동을 하도록 했다. 간단한 평면도인데 참여자들 특성에 따라 소년원 같은 경우는 화장실을 많이 그리기도 했고, 도면에 없는 베란다, 문 등을 더해 외부와의 연결고리에 관심을 표현하는 등 감정 표현을 하는 모습을 보이기도 했다. 참여자들 다수는 거실에 행복이나 기쁨을 표시하는 모습을 보였고, 화장실에는 부정적인 감정을 적어서 그것을 물로 내려 보내려 하는 모습을 보였다. 이번 활동을 통해 자신의 감정들을 정리할 수 있었을 것이라 생각되며, 그런 감정들과의 연결고리들에 대해 생각하고 정리하는 시간이 되었으리라 본다.

마인드맵으로 마음 표현하기

이름 :

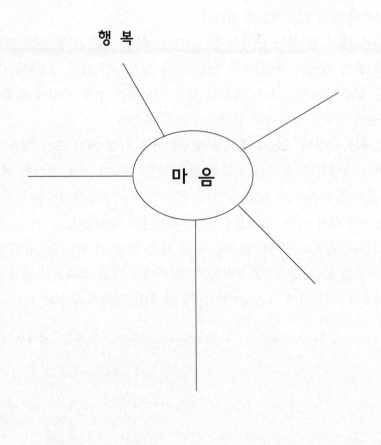

사람에게는 얼마만큼의 땅이 필요한가

한 농부가 있었는데, 그는 유난히 땅에 대한 욕심이 많았다. 그는 가난한 소작농으로 시작하여 자기 땅을 조금씩 마련하게 된다. 땅을 얻기 위해서는 먼 길을 마다하지 않고 이사를 하고 돈을 모아 사기도 한다. 그렇게 땅을 계속 넓혀가던 그는, 어느 날 한 마을의 촌장으로부터 파격적인 제안을 받는다.

다른 데서 밭 한두 마지기 살 수 있는 아주 적은 양의 돈만 내면, 하루 동안 걸어서 표시할 수 있는 모든 땅을 자신에게 주겠다는 제안을 받은 것이다. 다만, 반드시 해가 떨어지기 전에 자신이 출발했던 원래 위치로 돌아와야 한다는 단서가 붙는다.

농부는 촌장의 제안을 흔쾌히 받아들이고 아침 해가 뜨는 것을 기다려서 출발한다. 농부는 되도록 많은 땅을 가지기 위해 중간에 쉬지도 않고 물도 먹지도 않고 달린다. 그리고 죽을 고생을 한 후에 아슬아슬하게 해가 지기 전에 많은 땅을 확보하고 돌아온다.

그리고 촌장으로부터 "농부는 이제 많은 땅을 가지게 되었습니다."라는 말을 듣는 순간, 그 농부는 그 자리에서 피를 토하고 쓰러져 숨져버린다. 그리하여 그는 2미터도 채 안 되는 무덤에 묻히게 된다.

「톨스토이 단편선 / L. N. 톨스토이 지음, 박우정 옮김 / 문예춘추사」

〈참여자 활동자료 5-3〉

마인드맵으로 마음 표현하기

이름 : 참여자 공통

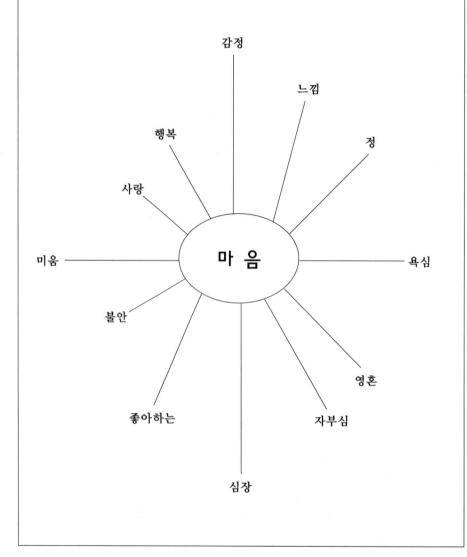

〈참여자 활동예시 5-3〉

정 ○ ○

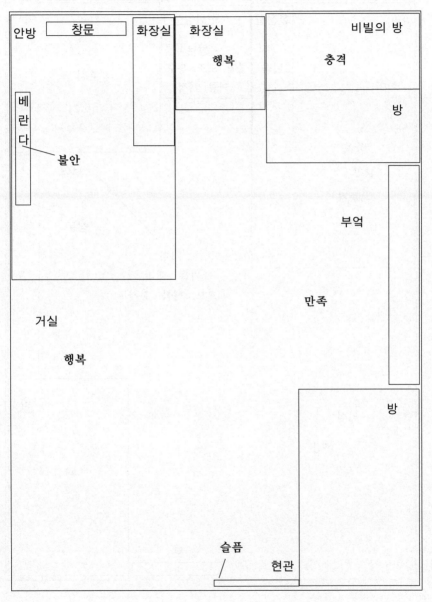

〈참여자 활동예시 5-3〉

김 ○ ○

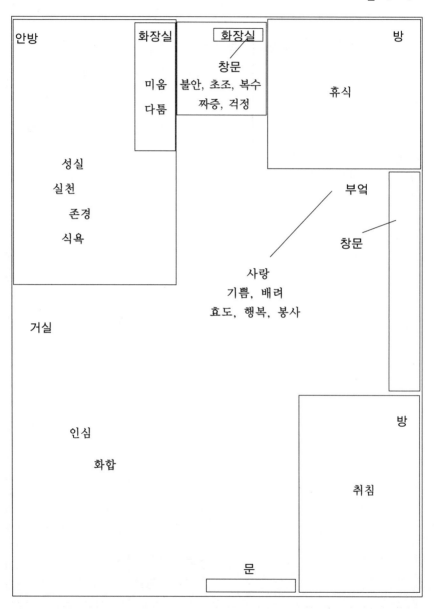

가치관 형성 – 인내와 준비
〈젠가 놀이, 도미노〉

가치관 형성 두 번째 시간이다. 자기성장을 위해 필요한 덕목으로 인내와 성장을 위한 준비를 생각해 보았다. 인내란 괴로움이나 어려움 따위를 참고 견디는 것을 말한다. '고진감래(苦盡甘來)'라는 말처럼 고생 끝에 즐거움이 올 거라는 기대감, 지금은 어렵고 힘든 시기를 보내고 있는 것 같지만 미래를 위한 준비이기도 하다는 생각을 나눌 수 있었다. 인내에 대한 나눔 도서로는 〈사유미네 포도〉를, 준비에 대한 나눔 도서로는 〈꼬마 아이를 먹을래〉를 선정했다. 그리고 시간이 필요한 도미도 게임 등을 하면서 활동으로 연결해 보았다.

(1) 선정 자료

① 「사유미네 포도 / 미노시마 사유미 지음, 후쿠다 이와오 그림, 양선하 옮김 / 현암사」

사유미네 집 마당에 포도가 주렁주렁 열렸다. 사유미는 먹고 싶은 마음을 누르고 포도가 익을 때를 기다렸다. 꼬마 아이가 먹고 싶은 것을 참는다는 것은 사실 쉬운 일이 아니다. 이내 포도가 다 익었지만 들새가 조금, 생쥐가 조금, 다람쥐도 조금, 곰까지 꿀꺽! 덕분에 포도가 얼마 안 남았다. 사유미는 그만 울어버리지만 내년을 기다리기로 한다. 그때는 다른 친구들과 다 같이 나눠 먹을 생각까지 하면서 말이다.

참여자들뿐만 아니라 누구라도 무언가를 기다리는 것은 지루하고 때론 힘든 경험이 될 것이다. 인내의 열매가 달다는 것은 알지만 그 기다림은 항상 긴 것처럼 말이다. 단순한 형식의 구조를 가지고 전달되는 메시지가 참여자들에게 다소 유아스럽게 다가갈 수 있겠으나,

단순함이 오히려 전달하고자 하는 것을 군더더기 없이 잘 전달할 것이라는 점에서 선정한 도서이기도 하다.

② 「꼬마 아이를 먹을래 / 실비안 도니오 글, 도로테 드 몽프레 그림, 최윤정 옮김 / 바람의 아이들」

주인공 꼬마 악어 아쉴은 무엇이든 잘 먹더니 어느 날부터 아무것도 먹지 않고 무조건 꼬마를 먹겠다고 한다. 엄마와 아빠는 안타까워 이것저것을 가져다주며 어떻게든 아쉴에게 음식을 먹이려고 애를 쓴다. 그러나 좀처럼 아쉴의 마음은 바뀌지 않는다. 그러다 강가에서 꼬마 아이를 만나지만 생각과 달리 꼬마 손에 잡혀 뱅글뱅글 돌림까지 당하고 모양새가 말이 아니다. 지금의 자신의 상태로는 꼬마를 먹을 수 없다는 것을 깨닫게 되는 순간 집으로 돌아 온 아쉴은 엄마 아빠에게 바나나를 먹겠다고 한다. 꼬마를 먹어야 하니까 말이다.

글의 끝 부분에 바나나 껍질이 잔뜩 쌓인 그림 위로 아쉴이 있다. 이 그림은 웃음을 자아내게 하기도 한다. 하지만 자신이 원하는 것을 하기 위해서는 준비가 필요하다는 것을 명확히 알려 주는 도서이기 때문에 마냥 웃을 수는 없다.

참여자들은 아쉴의 행동을 보면서 '쟤 뭐야?' 하는 표정들인데, 도서 읽어주기 이후 발문을 나누다 보면 오히려 기억에 남는 도서 중 하나로 자리매김 되는 도서이다.

(2) 관련 활동

① 내가 준비해야 할 것들

준비한 활동지에 앞서 기다림에 대한 이야기를 나누었다. 이후 활동지를 하면서 아쉴의 행동을 통해 나를 점검해 보았다. 무엇인가 이루기 위해서는 혹은 성장을 위해서는 기다림도 준비도 다 필요하다는 생각을 해볼 수 있는 시간이었다.

② 젠가, 도미노 게임

인내를 배우며 할 수 있는 게임 중 여럿이 할 수 있는 게임을 생각하다 참여자들을 두 팀으로 나눠 젠가와 도미노 게임을 하게 되었다. 도미노 게임은 블록들을 일정 거리를 두고 쌓아야 하는데, 쌓다 보면 앞뒤 블록을 건드려 생각만큼 빠른 시간에 다 쌓기가 어렵다. 따라서 그야말로 인내심이 필요한 게임이다.

젠가

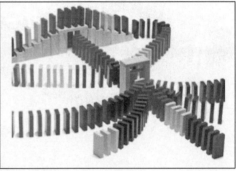
도미노

〈젠가〉

-게임 준비

젠가 블록을 3개씩 한 층으로 쌓는다.

(90도 돌려서 한 층씩 엇갈리게)

- 기본 규칙

준비가 되면, 맨 위에 3층은 건들지 않고 그 아래의 층수에서 임의로 한 개의 블록을 빼내서 맨 위로 쌓으면 된다. 이때 3개씩 한 층을 이루도록 쌓는다.

– 블록을 뺄 때 규칙 2가지
1) 한번 손 댄 블록을 빼야 한다.
2) 한 손만 사용한다.

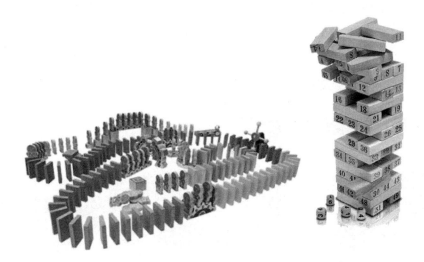

내가 준비해야 할 것들

1. 책을 읽고 기억에 남는 부분이 있었나요?
   어떤 부분이 왜 기억에 남았나요?

2. 아쉴이 꼬마를 먹겠다고 하는 데도 부모님은 꼬마를 주지 않았
   습니다. 왜 그랬을까요? 그때 아쉴은 어떤 기분이었을까요?

3. 꼬마를 먹겠다던 아쉴이 꼬마를 만나고 나서 어떤 기분이었을까요?

4. 아쉴은 집으로 돌아 와 바나나를 많이 먹었습니다.
   이후 아쉴은 어떻게 달라졌을까요?

5. 내가 하고 싶은 일들을 위해 지금 준비해야할 것이 있다면 무엇
   일까요?

내가 준비해야 할 것들

유 ○ ○

1. 책을 읽고 기억에 남는 부분이 있었나요?

   어떤 부분이 왜 기억에 남았나요?

   - 마지막 장면, 바나나를 안 먹겠다더니 산더미처럼 쌓아 놓고 있어서

2. 아쉴이 꼬마를 먹겠다고 하는 데도 부모님은 꼬마를 주지 않았

   습니다. 왜 그랬을까요? 그때 아쉴은 어떤 기분이었을까요?

   - 아직 먹을 수 없으니까, 기분이 더러웠을 것이다.

3. 꼬마를 먹겠다던 아쉴이 꼬마를 만나고 나서 어떤 기분이었을까요?

   - 기분이 나쁘다. 열 받았다.

4. 아쉴은 집으로 돌아 와 바나나를 많이 먹었습니다.

   이후 아쉴은 어떻게 달라졌을까요?

   - 성장해서 꼬마를 먹었을 것이다.

5. 내가 하고 싶은 일들을 위해 지금 준비해야할 것이 있다면 무엇

   일까요?

   - 대학을 가기 위해 공부해야 한다.

가치관 형성 - 정직과 거짓
〈활동지〉

이번 회기에 가치관 덕목으로 선택한 것은 정직과 거짓이다. 정직은 바르고 곧다는 것을, 거짓은 사실이 아닌 것을 말한다. 이 두 가지 가치에 대해 모른다고 할 사람은 없을 것이다. 다만 여러 가지 상황 속에서 정직하기가 쉽지 않으며, 거짓을 말하게 될 때도 많다는 것이 문제다. 정확한 답을 제시하기 위한 회기는 아니다. 모든 상황에서 꼭 정직해야 한다고도 거짓을 말하면 안 된다고 하는 것 또한 불가능하다는 생각이 들었다. 선택 윤리! 상황에 따라 무엇을 선택하고 어떻게 할지에 대한 선택은 참여자들 몫이다. 다만 잘 알고 있는 〈벌거벗은 임금님〉과 〈빈 화분〉이라는 도서를 통해 정직과 거짓에 대해 생각해 보고 가치 정립에 도움을 주고자 했다.

(1) 선정 자료
① 「벌거벗은 임금님 / 안데르센 원작, 김민진 글 / 아람」

순수하고 솔직한 아이들의 마음과 솔직하지 못한 어른들의 마음이 잘 드러난 이야기이다. 멋 부리기를 아주 좋아하는 임금님이 두 사기꾼에게 속아 속옷만 입은 채로 행차를 하게 되었을 때, 그 광경을 본 어른들은 서로의 눈치를 보며 보이지도 않는 옷을 칭찬한다. 그때 한 꼬마 아이가 "벌거벗은 임금님이다!"라고 외치자 임금님도 그동안의 잘못을 깨닫게 된다는 내용이다.

사람들이 거짓말을 하게 되는 이유는 다양하다. 그 많은 이유 중에 용기가 없어서도 큰 이유가 될 것이다. 모두가 "예!" 하더라도 "아니오!"라고 할 수 있는 용기는 정직을 지키는 힘이기도 하다. 참여자들과도 사람들이 눈에 보이지도 않는 옷을 보인다고 한 이유를 물었는데, 대부분은 남과 다르게 말하면 나만 바보가 되는 것 같아서라는 말이 가장 많았다.

② 「빈 화분 / 데미 글·그림, 서애경 옮김 / 사계절」

성실과 정직이 갖고 있는 미덕을 일깨워 주는 그림책이다. 늙은 임금님이 후계자를 뽑기 위해 한 해 동안 가장 정성을 다해 꽃씨를 가꾼 아이에게 왕위를 물려준다는 방을 붙인다. 그런데 그 꽃씨는 삶은 것이라 싹이 나지 않는 것이었다. 주인공 핑은 정말 기쁘고 행복한 마음으로 가장 예쁜 꽃을 피울 수 있다는 자신감을 가지고 기름진 흙이 담긴 화분에 씨앗을 심었지만, 시간이 지나도 싹이 나오질 않아 실망한다. 결국 핑은 다른 친구들과 달리 빈 화분을 들고 1년 뒤 임금님 앞으로 간다. 그런데 임금님은 모든 아이들에게 익힌 씨앗을 주었다고 하며, 결국 성실과 정직한 마음을 가진 핑에게 왕위를 물려준다는 이야기다.

우리는 나를 위한다는 명목 하에 또 다른 많은 이유를 대며 거짓말을 하고 그 거짓말을 덮기 위해 또 거짓말을 한다. 그 이면에는 불안도 있고, 거짓말을 해서라도 얻고 싶은 욕심도 있다. 하지만 어떤 것도 거짓으로 얻어진 것을 통해 불안이 해소되지도 욕심이 채워지지도 않는다는 것이다.

생각을 나누고 가치관을 정립하기에 도움이 될 만한 도서라고 생각해서 두 권의 책을 선정해 참여자들과 나누었다.

(2) 관련 활동
① 활동지
이번 회기에서는 다른 활동은 없이 도서에 대한 나눔을 통해 참여

자들과 이야기를 나누었다. 〈벌거벗은 임금님〉은 잘 알려진 도서라서 다 알고 있으려니 했는데 의외로 어렴풋이 들어서 알고 있는 참여자들이 많았다. 읽으면서 사람들의 심리에 대해 이야기하며 자신도 정직하게 말할 수 있었을 지 자신이 없다는 참여자들이 많았다. 알고 있는 것과 행하는 것 사이에 어려움이 존재한다는 것에 대한 솔직한 답변들이라고 생각한다. 군중심리로 회피하고 싶은 다수의 선택을 쫓게 되는….

임금님이 자신의 행동에 대한 깨달음을 얻고 나서 거짓을 말했던 사람들에 대해 처벌하지 않았다는 점도 눈여겨볼 필요가 있다고 생각해서 참여자들에게도 생각할 시간을 주었다. 정직하게 말하기가 왜 어려운지, 나라면 어떻게 했을 것인가에 대해서.

〈빈 화분〉을 읽고는 활동지를 중심으로 정직과 거짓에 대한 가치에 대해 어떤 생각들을 가지고 있는 지와 어떤 경우에 어떤 거짓말을 했는지, 그 후에 느끼는 감정은 어떤 것들이었는지에 대해 이야기하는 시간을 가질 수 있었다.

빈 화분

1. 이야기를 읽고 나서 기억에 남는 장면이 있나요?
   왜 그 부분이 기억에 남았나요?

2. 임금님은 왕이 될 아이를 뽑기 위해 어떤 계획을 세웠나요?

3. 화분에 씨앗을 심고 일 년이나 가꾼 핑의 화분에서는 싹이 텄나요?
   그때 핑의 마음은 어땠을까요?

   내가 핑이라면 어땠을까요?

4. 다른 아이들은 화분에 갖가지 꽃을 피워왔습니다.
   어떻게 그럴 수 있었을까요?

5. 핑이 빈 화분을 가지고 임금님 앞에 갔을 때 어떤 일이 벌어졌나요?

   나라면 빈 화분을 들고 임금님께 갔을까요?

6. 핑이 후계자가 된 것은 무엇 때문이었을까요?

빈 화분

조 ○ ○

1. 이야기를 읽고 나서 기억에 남는 장면이 있나요?
   왜 그 부분이 기억에 남았나요?
   - 임금님께서 핑에게 왕위를 물려준 장면
     왜냐하면 빈 화분의 진실을 알아서

2. 임금님은 왕이 될 아이를 뽑기 위해 어떤 계획을 세웠나요?
   - 익힌 꽃씨를 아이들에게 나누어주어 정직함을 알아보기로 했다.

3. 화분에 씨앗을 심고 일 년이나 가꾼 핑의 화분에서는 싹이 텄나요?
   그때 핑의 마음은 어땠을까요?
   - 싹이 트지 않았다. 핑의 마음은 속상했을 것이다.

   내가 핑이라면 어땠을까요?
   - '내가 잘못 키웠나?'하고 생각하며 임금님께 혼날 것을 두려워했을 것이다.

4. 다른 아이들은 화분에 갖가지 꽃을 피워왔습니다.
   어떻게 그럴 수 있었을까요?
   - 다른 아이들은 꽃이 피지 않자 왕위를 물려받지 못할까봐 다른 꽃을 심었다.

5. 핑이 빈 화분을 가지고 임금님 앞에 갔을 때 어떤 일이 벌어졌
  나요?

  - 임금님께서 핑에게 왕위를 물려주었다.

  나라면 빈 화분을 들고 임금님께 갔을까요?

  - 갔을 것이다. 다른 아이들처럼 속여 꽃을 심어 갔으면 양심에 찔려 못가
    고 아무리 빈 화분이라도 정성을 담아 가꾸었다면 임금님께 가지고 갔을
    것이다.

6. 핑이 후계자가 된 것은 무엇 때문이었을까요?

  - 정직함이 핑을 후계자로 만들었다.

빈 화분

이 ○ ○

1. 이야기를 읽고 나서 기억에 남는 장면이 있나요?
   왜 그 부분이 기억에 남았나요?

   - 임금님이 환하게 웃으며 핑이 나의 후계자라고 할 때

2. 임금님은 왕이 될 아이를 뽑기 위해 어떤 계획을 세웠나요?

   - 익힌 씨앗으로 아이들의 정직함을 확인해서 후계자를 뽑으려고 했음

3. 화분에 씨앗을 심고 일 년이나 가꾼 핑의 화분에서는 싹이 텄나요?
   그때 핑의 마음은 어땠을까요?

   - 트지 않음. 핑은 너무 속상하고 억울했을 것임

   내가 핑이라면 어땠을까요?

   - 임금님에게 가지 않을 것임

4. 다른 아이들은 화분에 갖가지 꽃을 피워왔습니다.
   어떻게 그럴 수 있었을까요?

   - 다른 아이들의 부모님들이 꽃을 사서 화분에 심어 놓았을 것이다.

5. 핑이 빈 화분을 가지고 임금님 앞에 갔을 때 어떤 일이 벌어졌나요?

   - 얼굴이 환해짐, 핑은 불안하고 초조함

   나라면 빈 화분을 들고 임금님께 갔을까요?

   - 아니요. 부끄러워서 가져가지 않았을 것임

6. 핑이 후계자가 된 것은 무엇 때문이었을까요?

   - 핑에 대한 정직함과 순수함 때문에 뽑힌 것이다.

가치관 형성 – 변화와 도전
〈신문의 변화〉

이번 회기에서는 사물의 모양이나 성질이 바뀌어 달라지는 것을 뜻하는 변화와 어려운 일의 성취나 기록 경신 따위에 나서는 일을 비유적으로 이르는 말, 도전에 대한 가치에 대해 생각해 보는 시간을 가졌다. 활동에서 신문을 쓰게 된 이유는 버리면 폐지로 쓸모없는 것에 지나지 않지만 변화하면 멋지게, 쓸모 있게 달라질 수 있다는 것에 대해 직접 간단한 만들기를 통해 체험해 보는 시간도 가졌다.

도서와 동영상 〈의지 대 의지〉는 실화를 바탕으로 한 것이라 전기문의 형식을 가진다고 볼 수 있다. 불가능할 것 같은 일에 도전해 자기만의 신화를 이룬 사람들, 그것이 타인에게도 도움이 되는 것들이라는 것에 대해 이야기해 볼 수 있는 자료들이라 선정했다. 참여자들이 변화와 도전을 꿈꾸길 바라면서.

(1) 선정 자료
① 「사막에 숲이 있다 / 이미애 지음 / 서해문집」

이 책은 사막에 숲을 만들었다는 놀라운 이야기를 담고 있다. 사막에 나무를 심어 숲을 만든 인위쩐의 이야기로 2006년 식목일, KBS-1TV '수요기획'에서 〈숲으로 가는 길〉을 방영하기도 했던 내용과 같은 내용의 책이다. 인위쩐이 그녀의 남편 바이완샹과 황사의 진원지라는 중국 네이멍구 마오우쑤 사막 징베이탕이라는 곳에서 나무를 심어 가꾸었는데, 놀랍게도 그곳이 이제 숲이 되었다는 것이다.

말하지 않아도 사막이 숲이 되기까지 얼마나 많은 어려움이 있었을 지는 상상할 수 있을 것이다. 분량이 있는데도 참여자들에게 읽도록 권유한 것은 프로그램이 끝난 이후에라도 읽었으면 하는 바람 때문이기도 했고, 동영상 〈의지 대 의지〉에서도 같은 내용의 이야기가 나와서 책을 읽지 않았더라도 부담이 없어 선택하기도 했다.

② 「그걸 바꿔봐 : 지식채널 ⓔ / EBS-TV」

지식채널에서 방영 된 동영상 자료이다. 창문 밖의 강아지가 줄이 밟아 더운 여름날 나무 그늘로 가지 못해 짖어 대는 바람에 시끄럽다. 그래서 여자는 줄을 길게 늘여 준다. 단지 줄 하나를 길게 늘여 주는 간단한 일을 한 것이 다른 변화 천 개쯤을 가져 올 수 있다고 말하고 있다. 참여자들은 그저 멀뚱거리며 동영상을 보다가 '내가 바꿀 한 가지는 뭘까?'라는 질문 앞에 다소 곤혹스러워하는 경우도 있다. 처음엔 거창한 변화를 꿈꾸는 참여자들이 많지만 사소하고 지킬 만한 것에 포인트를 맞추다 보면 아침에 5분 일찍 일어나기, 집에 일찍 들어가기, 지각하지 않기 등 정말 실천 가능한 것을 이야기 한다. 작은 변화라도 실천할 수 있는 것, 이것이 중요하다. 일주일 동안 자신이 정한 것을 지켜보고 다음 주에 와서 실천한 후 소감 나누기를 하는 것도 잊지 말아야 한다. 참여자 중 집에 12시가 넘어 들어가는 남학생이 있었는데 이번 계기에 11시 전에 들어가겠다는 다짐을 하고 1주일에 3일은 행동에 옮긴 경우도 있었다.

③「의지 VS 의지 : 지식채널 ⓔ / EBS-TV」

백수였다가 〈록키〉라는 영화로 스타가 된 실버스타 스탤론, 사막에 숲을 만든 인위쩐, 시각장애를 딛고 일어선 배트맨 등의 이야기가 실려 있는 동영상이다. 그야말로 불가능해 보이는 일들을 가능하게 이룬 인물들의 이야기이다.

참여자들에게도 많은 도전이 되어 긍정적인 효과를 얻을 수 있었다. 한 참여자는 '의지가 대단하다는 것을 알았다. 내가 할 수 있다고 하면 할 수 있다는 것을 깨달았다. 의지가 어쩔 땐 기적을 일으키는 힘이 된다. 그리고 목표를 세우고 의지를 가지면 이룰 수 있다….'(김∞)고 소감을 남기기도 했다.

(2) 관련 활동

① 신문의 변화

폐지로 버려지는 신문도 잘 사용하면 쓸모 있는 것이 될 수 있다. 신문도 그런데 사람은 그 쓸모가 적을 없을 수 없다는, 모든 사람은 쓸모가 있고 특별하다는 이야기도 하고, 직접 만들기를 해서 즐겁기도 한 시간을 가질 수 있었다. 단, 신문을 일일이 치료사가 미리 말아가야 한다. 왜냐하면 프로그램의 중심이 만들기가 될 수 없을 뿐만 아니라, 준비해 가지 않으면 시간적으로도 회기를 잘 마치기에는 무리가 있기 때문이다. 그래서 활동으로 다른 것을 준비해 보는 것도 좋을 것 같다.

준비물: 말아 놓은 신문 1인당 20개, 본드, 풀, 밑받침(하드보드지)

만들기: 사진에서처럼 밑받침에 준비한 신문 말아 놓은 것을 바람개비 모양으로 붙이고 두 개 중 하나를 바람개비 방향으로 접어 넘기는 형식을 반복해서 위로 적당한 높이까지 쌓아간다. 중간 중간 길이가 맞지 않을 때 신문 말이를 하나씩 끼워 연결하면 된다. 마무리 부분에 본드 칠을 하면 끝!

〈참여자 활동예시 8-1〉

〈참여자 활동예시 8-1〉

가치관 형성 – 감사와 만족
〈편지 쓰기〉

감사, 고맙게 여김 또는 그런 마음. 만족, 모자람이 없이 마음에 흡족함이라고 사전에 정의되어 있다. 살아가면서 감사할 일을 많이 가지게 되는 것은 행복한 일일 것이다. 감사가 넘치면 만족하는 마음도 클 것이고 말이다. 반대인 경우도 만족함이 넘치면 감사도 마찬가지로 넘치지 않을까 한다. 그런데 가만히 생각해 보면 감사와 만족은 긍정적인 자아를 가진 사람들일수록 그렇지 않은 사람들에 비해 쉽게 가지는 가치가 아닐까 싶다. 자기 성장을 위한 프로그램에 빠질 수 없는 가치라는 생각이 들어 넣었고, 구체적으로 누구에게 어떤 감사한 마음을 가지고 있는지 그 대상에게 편지를 써 보도록 했다. 선정 자료는 많은 사람들이 읽은 톨스토이의 〈세 가지 질문〉을 사용하였는데, 질문의 의미를 찾아가다 보면 중요한 가치에 접근하게 될 것이라는 생각이 들어서였고, 〈두고 보자! 커다란 나무〉는 만족함이나 감사함이 없이 불평 속에서 생활하던 한 사람이 모든 것을 잃었을 때 깨닫게 되는 가치를 배울 수 있겠다는 생각에서 선정한 도서다.

(1) 선정 자료

① 「세 가지 질문 / L. N. 톨스토이 지음, 장한 옮김 / 바움」

톨스토이는 글을 통해 세 가지 질문을 한다. 그것은 '나에게 가장 필요한 사람은 누구이고, 가장 중요한 때는 언제이며, 가장 중요한 일은 무엇인가'이다. 이 세 가지 질문에 대한 답을 알고 싶어 한 왕이 답을 얻기 위해 숲속의 현자에게서 깨달음을 얻게 되는 내용이다. 왕이 현자와 있으며 깨닫게 된 것은 가장 필요한 사람은 지금 내 옆에 있는 사람이고, 가장 중요한 때는 지금이며 가장 중요한 일은 지금 옆에 있는 사람에게 선을 베푸는 것이라는 것이다. 감사와 만족에 대해서도 이 세 가지가 적용되면 더 좋겠다는 생각이 들었다. 간혹 우리들은 가까이에 있는 사람들에게 오히려 상처를 주게 되는 경우가 많다. 가장 감사해야 할 사람들인데도 말이다.

참여자에게 이 세 가지 질문에 대한 답은 무엇인지 자기 나름대로 답을 써보게 하고 톨스토이의 생각을 들어보는 시간을 가졌다. 참여자들이 제시한 세 가지 질문에 대한 답은 활동사례에 싣도록 하겠다.

② 「두고 보자! 커다란 나무 / 사노 요코 글·그림, 이선아 옮김 / 시공사」

우리는 두고 보자는 사람 무서울 것 없다는 말을 간혹 한다. 그런데 여기 등장하는 주인공 아저씨는 커다란 아름드리나무를 귀찮아하다가 '두고 보자' 하더니 결국 베어버리는 모습을 보인다. 아저씨의 봄에는 나무의 꽃이 있었고, 아침이 되면 노래를 불러 깨워주는 작은 새가 있었다. 여름엔 시원한 나무 그늘이 그리고 가을에는 열매가, 또한 낙엽으로는 고구마를 구워 먹을 수도 있었다. 그러나 아저씨는 그런 것들에 감사하거나 만족을 느끼기 보다는 새들의 시끄러움을, 애벌레들이 살고 있는 나무를, 떨어지는 낙엽과 눈을 그저 귀찮아하기만 했다. 그래서 커다란 나무를 베어버리고 만 것이다. 이후 아저씨는 새들의 노랫소리가 들리지 않아 아침이 온 것도 모르고, 차를 마실 나무 그늘도, 빨래를 널 수 있는 대를 만들 튼튼한 나무 기둥도 사라지고 말았다는 것을 알게 된다. 싫었던 모든 것이 없어지니 오히려 불편한 것을 깨닫게 되고 이 아저씨는 나무가 없어 울게 된다.

단순한 구조에 짤막한 글로 쓰인 이 책은 쉽게 읽혀지지만 생각은 결코 쉽지 않은 철학을 담고 있기도 하다. 주인공의 이전 삶을 선택할 것인지 이후의 삶을 선택할 것인지는 참여자 모두의 몫일 것이다.

실제로 참여자들은 다소 숙연해지는 모습을 보이기도 했다.

(2) 관련 활동
① 편지 쓰기

읽고 나눔의 시간을 가진 후 편지 쓰기 활동을 하였다. 대상, 내용, 분량 모두 자유롭게 쓰도록 했다. 많은 참여자들이 부모님께 편지를 썼고, 어떤 참여자는 센터의 선생님께 그리고 친구나 자기 자신에게 쓰기도 했다.

장난스럽게 시작이 되었지만 다 쓰고 나서는 쑥스럽다는 표현을 하기도 하였다. 편지 쓰기를 하라고 하면 참여자들은 처음에는 시큰 둥하기도 한다. 하지만 쓰고 나면 왠지 모를 자기 만족감도 있고 조금은 큰 것 같은 자신의 모습을 보게 되기도 하는 것 같다.

세 가지 질문에 대한 참여자들의 답

김○○
- 선생님, 지금, 봉사

김○○
- 아빠, 아빠 오시는 날, 용돈 받는 것

이○○
- 부모님, 내 생일과 시험점수 나오는 날, 축구

김○○
- 엄마, 시간이나 약속을 지킬 때, 내가 살아 있다는 것

이○○
- 가족, 가족과 함께 있을 때

임○○
- 가족, 친구와 있을 때, 공부

박○○
- 가족과 친구, 친구와 있을 때, 외모

조○○
- 엄마, 죽을 때, 남을 도와주는 일

김○○
- 가족과 지금 만나는 사람, ?, 공부와 지금 하는 일

<참여자 활동예시 9-2>

조 ○ ○

엄마께

엄마, 저를 낳아 주셔서 감사합니다.
저를 키워주셔서 감사합니다.
저를 위해 해 주신 모든 것들에 대해 감사합니다.
저를 사랑해 주셔서 감사합니다.
저를 혼내 주셔서 감사합니다.
저를 학원 다니게 해 주셔서 감사합니다.
저를 센터에 보내 주셔서 감사합니다.
저를 굶지 않게 해 주셔서 감사합니다.
저를 아프지 않게 지켜 주셔서 감사합니다.
저를 건강하게 자라게 해 주셔서 감사합니다.
저를 웃게 해 주셔서 감사합니다.
항상 저의 말을 들어 주셔서 감사합니다.
저를 위로해 주셔서 감사합니다.
저를 용서해 주셔서 감사합니다.
저를 응원해 주셔서 감사합니다.
저를 행복하게 만들어 주셔서 감사합니다.
항상 저의 고민을 같이 걱정해 주셔서 감사합니다.
같이 웃어 주셔서 감사합니다.

2014. 4. 29
조 ○○ 올림

〈참여자 활동예시 9-2〉

김 ○ ○

부모님께
안녕하세요?
저는 ○○이예요.
저 내일부터 3일 동안 시험이예요.
3일 동안 열심히 공부해서 잘 볼께요.
그리고 엄마
저를 낳아 주셔서 감사합니다.
건강하시길 바랍니다.
사랑합니다.
오래 사세요.
그럼 안녕히 계세요.

2014. 4. 29
김 ○ ○ 올림

제10회 가치관 형성 - 성실과 노력
〈꿈 목록 쓰기〉

가치관 형성 마지막 회기다. 이번 회기에서는 정성스럽고 참되다는 성실에 대해서, 그리고 목적을 이루기 위하여 있는 힘을 다해 부지런히 애를 쓴다는 노력에 대해서 다루고자 한다. 자기 성장을 위한 또 하나의 가치로 성실이나 노력은 빠질 수 없는 가치 중 하나라고 생각한다. 성실하게 꾸준히 노력하다 보면 자신이 이루고자 하는 미래의 나와 만나는 일이 결코 어렵지 않을 것이라고 생각한다.

다양한 도서가 있겠지만 〈행복한 청소부〉 이야기를 통해 남들이 알아주지 않는 일이라도 성실히 하고, 자신이 알고 싶은 부분에 대해 노력한다면 누구 못지않은 전문가가 될 수 있다는 점을 인식하기에 손색이 없다는 생각에 선택하였고, 활동으로 간단한 북 아트를 하고 그곳에 자신의 꿈 목록을 쓰는 것으로 마무리하였다.

(1) 선정 자료
① 「행복한 청소부 / 모니카 페트 지음, 안토니 보라틴스키 그림, 김경연 옮김 / 풀빛」

잘 알려진 모니카 페트의 〈행복한 청소부〉가 이번 회기의 선정 도서이다. 주인공은 독일의 작가와 음악가 거리를 청소하는 아저씨다. 이 아저씨는 표지판을 열심히 닦기만 했을 뿐 다른 것에는 별로 관심이 없었다. 아저씨가 맡은 거리의 표지판은 깨끗할 뿐만 아니라, 새것처럼 보일 정도로 늘 성실하게 자신이 맡은 일을 해냈다. 하지만 어느 날 문득 유명한 사람들의 이름을 늘 코앞에 두고 있으면서도, 정작 그들에 대해 아무것도 몰랐다는 사실을 깨닫게 되면서 그들에 대해 공부를 하기 시작한다. 노력을 한 것이다. 자신의 분야는 아니지

118

만 전문가가 되어 여기저기서 강의 요청이나 인터뷰 요청이 들어올 만큼 말이다. 참여자들에게 삶의 진정한 행복과 배움에 대한 소중함을 깨닫게 해주는 그림책이기도 하고, 그의 성실함이나 노력을 통해 생각거리를 제공해 주는 그림책이기도 하다.

참여자들은 청소부의 일을 계속하기로 선택한 모습을 보면서 당연한 선택이라고 말한다. 자신의 의지대로 선택한 것이고 자신이 행복하다면 무엇을 해도 된다고 말하는 참여자들이 대견하다는 생각이 들기도 했다. 문득 이 프로그램을 시작하기 전에 물었다면 같은 답이 나왔을까 하는 생각을 해 보기도 했다.

(2) 관련 활동

① 꿈 목록 쓰기

도서를 읽고 느낌을 나눈 후, 미니 북 아트를 해서 그곳에 자신의 꿈 목록을 써 보도록 했다. 꿈은 어떤 것이든 소중한 것이기 때문에 일반 종이에 대충 적고 버리지 않고 소중하게 다루고 보관할 수 있게 하기 위해 신경 써서 만들게 했다.

목록은 버킷리스트처럼 일상에서 해보고 싶은 것들을 떠오르는 대로 적어도 좋고, 자신이 미래에 갖고 싶은 직업을 중심으로 써도 좋으니 자유롭게 써 볼 수 있도록 했다.

〈참여자 활동예시 10-1〉

〈참여자 활동예시 10-2〉

미래의 나
〈미래 인생 곡선 그리기〉

그동안 가치관 형성하기를 끝내고 이번 회기에는 이 프로그램을 통해 나의 미래에 대해 생각해 보고 첫 회기에 했던 인생 곡선과 연결해 미래의 인생 곡선을 상상해서 그려보는 시간을 갖기로 했다. 사용한 자료는 도서 〈당나귀는 당나귀답게〉와 시 〈다섯 연으로 된 짧은 자서전〉이다. 도서는 나는 나답게 살아야 한다는 생각을 해보는데 도움이 될 만한 자료라는 생각에서였고, 시는 누구나 실수할 수 있는데 그것을 인정하느냐 아니냐에 따라 다른 길로 가는 것이 쉬울 수도 어려울 수도 있다는 것과, 그것을 결정할 수 있는 것은 자기 자신이라는 것을 생각해 보기에 좋은 자료라고 생각해 선정했다.

(1) 선정 자료
① 「당나귀는 당나귀답게 / 아지즈 네신 지음, 이난아 옮김 / 푸른숲」

이 책은 작가 아지즈 네신이 쓴 우화집이다. 세계 여러 나라에서 수여하는 풍자 문학상을 여러 차례 수상한 바 있는 작가이다. 그는 '우화'를 통해 시대와 국경을 넘어서 인류 전체가 지니고 있는 부패, 부조리, 악습과 폐단 등을 예리하게 포착하고 재단한다.

여러 개의 단편 우화 중에 〈당나귀는 당나귀답게〉를 선정 자료로 사용했다. 이번에는 참여자들이 읽어오지 않을 것을 대비, 아예 본문을 복사해 15분가량 시간을 내 읽게 하였다. 윤독을 하였더니 집중해서 잘 읽어냈다. 제목에서 알 수 있듯이 자신은 자신답게 살아야 한다는 내용을 떠올릴 수 있는 내용이다.

서커스 단장이 어느 날 유명한 당나귀 조련사를 찾아와 사람처럼 말하는 당나귀를 만들어 달라고 부탁한다. 그래서 당나귀는 짐을 나르던 일 대신 사람처럼 말하는 일을 하게 된다. 특이한 당나귀를 보는 일이 보편화되자 이번에는 당나귀처럼 짖는 사람을 조련해 달라는 부탁을 받은 조련사는 또 그렇게 한다. 자, 어떤 일이 벌어졌겠는가? 혼란에 빠지게 된다. 원상태로 되돌리려 하지만 너무 많은 시간이 걸린다. 현자가 말한다. '당나귀는 당나귀답게 사람은 사람답게 각자 자신의 일을 해야 한다'고.

내용이 쉽게 이해되기 때문에 앞선 회기들의 연결고리가 되어 나는 어떻게 살아야할까에 대한 생각을 하는데 도움이 되었다. 무엇을 하고 어떻게 살아야 나다운 것인지에 대한 이야기를 많이 나눌 수 있었다.

② 「다섯 연으로 된 짧은 자서전 : 시집 '지금 알고 있는 걸 그때도 알았더라면' 中 / 류시화 엮음 / 열림원」

시 내용을 보면, 길을 가다 구멍에 빠진 나는 처음엔 내 잘못이 아니라며 구멍에서 빠져나오는 데 시간이 많이 걸린다. 다시 반복, 그러다 내 잘못이라는 걸 인정하고 금방 구멍에서 나온 후엔 다시 그 구멍에 빠지지 않고 다른 길을 가게 된 나의 이야기다.

짧지만 많은 생각을 하게 하는 시다. 참여자들에게 시를 나누어준 뒤 읽게 하고, 마음에 와 닿는 부분에 밑줄을 그어보고 느낌도 나누었다. 현재까지의 삶 가운데에서 내가 만난 다양한 실수들에 대한, 그리고 앞으로 어떻게 살 것인지에 대한, 그러면 내 삶이 어떻게 달라질지에 대한 이야기를 나누었고, 이런 부분은 미래의 인생 곡선을 그리는데 참고가 될 만했다.

(2) 관련 활동

① 활동지

〈당나귀는 당나귀답게〉 책 내용을 가지고 발문이 적힌 활동지를 한 후 발표하며 참여자들의 생각을 나누는 시간을 가졌다.

② 미래의 인생 곡선 그리기

1회기에 했던 현재까지의 인생 곡선에 이어 미래의 나에 대한 상상 인생 곡선을 그려 보는 활동을 했다. 1회기의 끝과 어떻게 연결되어 자신의 미래를 설계하고 있는지 결과를 가지고 이전에 그렸던 것을 가지고 가서 함께 보면서 이야기하도록 했다. 아주 세밀하게 그려 나간 참여자도 있고, 굵직한 부분만 단순화시켜 그려 나간 참여자도 있다. 어찌되었든 참여자들 인생 곡선이 이전보다 긍정적인 모습에서 그려지고 있다는 점에서 바람직하다는 생각을 할 수 있었다. 서로의 이야기를 들으면서 깔깔거리기도 하였지만 밝게 웃는 모습들이 좋았던 회기다.

〈당나귀는 당나귀답게〉

1. 이야기를 읽고 기억에 남는 부분이 있다면 어떤 부분이고, 왜 기억에 남았나요?

2. 서커스 단장이 조련사에게 부탁한 것은 무엇이었나요?
   ①

   ②

3. 조련사에게 길들여지기 전 당나귀의 모습과 길들여진 후 모습은 어떻게 달라졌나요?

4. '당나귀는 당나귀답게'라는 것은 어떤 의미가 있는 것일까요?

5. '나답게' 살려면 어떻게 해야 할까요?

6. 나답게 살다보면 나의 미래는 어떤 모습일지 '미래의 인생 곡선'에 표현해 보세요.

다섯 연으로 된 짧은 자서전

- 포샤 넬슨

1.
난 길을 걷고 있었다.
길 한가운데 깊은 구멍이 있었다.
난 그곳에 빠졌다.
난 어떻게 할 수가 없었다. 그건 내 잘못이 아니었다.
그 구멍에서 빠져 나오는 데, 오랜 시간이 걸렸다.

2.
난 길을 걷고 있었다.
길 한가운데 깊은 구멍이 있었다.
난 그걸 못 본 체했다. 난 다시 그곳에 빠졌다.
똑같은 장소에 또 다시 빠진 것이 믿어지지 않았다.
하지만 그건 내 잘못이 아니었다.
그곳에서 빠져 나오는 데, 또다시 오랜 시간이 걸렸다.

3.
난 길을 걷고 있었다.
길 한가운데 깊은 구멍이 있었다.
난 미리 알아차렸지만 또다시 그곳에 빠졌다.
그건 이제 하나의 습관이 되었다.

난 비로소 눈을 떴다. 난 내가 어디 있는지를 알았다.
그건 내 잘못이었다.
난 얼른 그곳에서 나왔다.

4.
내가 길을 걷고 있는데
길 한가운데 깊은 구멍이 있었다.
난 그 둘레로 돌아서 지나갔다.

5.
난 이제 다른 길로 가고 있다.

「지금 알고 있는 걸 그때도 알았더라면 / 류시화 엮음 / 열림원」

〈당나귀는 당나귀답게〉

이 ○ ○

1. 이야기를 읽고 기억에 남는 부분이 있다면 어떤 부분이고,
   왜 기억에 남았나요?

   - 각자 자신의 역할이 있다는 말이 기억난다. 왜냐하면 명언이라서

2. 서커스 단장이 조련사에게 부탁한 것은 무엇이었나요?

   ① 당나귀가 말을 할 수 있게 하는 것

   ② 사람이 당나귀처럼 하게 하는 것

3. 조련사에게 길들여지기 전 당나귀의 모습과 길들여진 후 모습은
   어떻게 달라졌나요?

   - 전에는 말하기 힘들었고, 후에는 인기가 올라갔다

4. '당나귀는 당나귀답게'라는 것은 어떤 의미가 있는 것일까요?

   - 각자 할 일이 있다

5. '나답게' 살려면 어떻게 해야 할까요?

   - 밝고 건강하게 사는 것

6. 나답게 살다보면 나의 미래는 어떤 모습일지 '미래의 인생 곡선'
   에 표현해 보세요.

〈당나귀는 당나귀답게〉

김 ○ ○

1. 이야기를 읽고 기억에 남는 부분이 있다면 어떤 부분이고,
   왜 기억에 남았나요?

   - 기억에 남는 부분은 당나귀가 사람 말을 하는 부분이다.
     너무 신기하고, 징그럽다고 생각해서

2. 서커스 단장이 조련사에게 부탁한 것은 무엇이었나요?

   ① 당나귀가 사람처럼 말을 하게 해달라고

   ② 사람이 당나귀처럼 짖게 해달라고

3. 조련사에게 길들여지기 전 당나귀의 모습과 길들여진 후 모습은
   어떻게 달라졌나요?

   - 전에 당나귀는 짐을 운반하는 일을 했는데 이후에는 짐을 운반하지 않고
     사람처럼 말을 많이 하였다.

4. '당나귀는 당나귀답게'라는 것은 어떤 의미가 있는 것일까요?

   - 당나귀는 당나귀답게 짐을 운반하고 당나귀답게 울고 살으라는 의미

5. '나답게' 살려면 어떻게 해야 할까요?

   - 나답게 살려면 내가 맞는 일을 찾고 그것을 이루기 위해 노력하고
     사람답게 행동해야 한다.

6. 나답게 살다보면 나의 미래는 어떤 모습일지 '미래의 인생 곡선'
   에 표현해 보세요.

〈참여자 활동예시 11-2〉

유 ○ ○

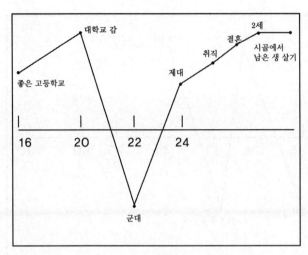

〈참여자 활동예시 11-2〉

이 ○ ○

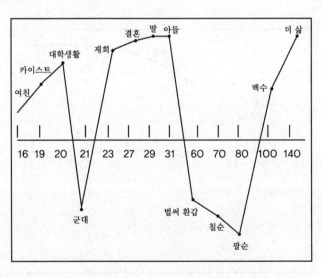

〈참여자 활동예시 11-2〉

조 ○ ○

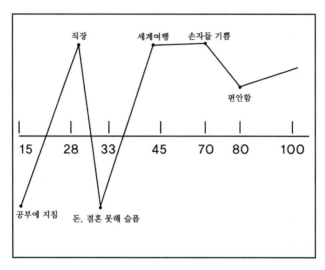

〈참여자 활동예시 11-2〉

임 ○ ○

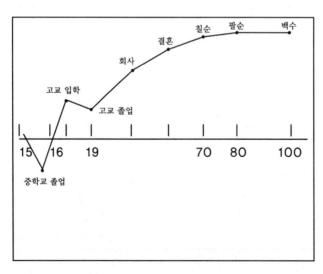

<table>
<tr><td>제12회</td><td>마무리
〈소감문 쓰기〉</td></tr>
</table>

이번 회기는 이번 자기성장 프로그램의 종결 회기이다. 그동안 했던 프로그램 전체를 회기별로 간단하게 되돌아보는 시간을 갖고, 선정한 도서 〈행복은 내 옆에 있어요〉를 나누었다. 자기 성장에 관한 프로그램을 하는 것도 결국 자신이 행복해지는 것이 더 큰 목적이다. 그래서 이 도서를 읽고 마무리하면서 행복은 내가 생각하는 만큼 만나지는 것이고, 그것은 결코 멀리 있지 않고 내 가까이 있다는 것을 생각해 보길 원해서 선정하게 된 것이다. 도서를 읽고 전체 프로그램에 대한 소감문을 작성하고 다과를 하며 자유롭게 발표하는 시간을 갖고 마무리 하였다.

(1) 선정 자료

① 「행복은 내 옆에 있어요 / 신혜은 지음, 김효은 그림 / 시공주니어」

"행복아 어디 있니?" 주인공 꼬마 아이는 뭔가 웃음이 나질 않으면 이처럼 질문을 던지고 가까이에서 사소한 행복을 발견하며 즐거워한다. 이 꼬마 친구는 맛있는 과자 하나를 먹을 때도, 자전거를 타며 머리카락이 바람에 날리는 것을 느낄 때도, 친구들과 공놀이를 할 때 그 발끝에서도 행복을 느낄 줄 아는 친구다. 놀이 공원처럼 즐거운 곳에 갔을 때도, 비가 올 때도, 그림책을 볼 때도 행복하다. 가장 행복할 때는 바로 엄마 품에 폭 안겨 있는 순간. 참여자들이 엄마 품에 안겨 행복을 느끼기에는 좀 커버린 것도 사실이지만, 주인공처럼 작은 일 하나하나에 행복을 느낄 줄 알게 된다면 행복이 늘 가까이에 있다는 것을 깨닫고 일상생활 속에서 행복을 찾아낼 줄 알게 될 것이라는 생각에서 선택한 도서다. 실제 프로그램에서도 참여자들이 이런 생각들을 담아내서 좋은 시간을 가질 수 있었다.

(2) 관련 활동

① 소감문 쓰기

모든 회기를 마무리하고 그동안의 일정을 돌아보며 소감문 쓰기로 마무리하였다. 소감문이라고 하지만 어떻게 생각하면 그동안의 모든 회기를 정리하고 회기별로 가졌던 느낌과 각오를 떠올리며 자기성장 프로그램에 대해 정리를 하는 시간이기도 했다.

소감문을 작성하고 다과를 하면서 프로그램을 통해 성장했다고 생각하는 면들에 대해 나눔을 가지고 전체 회기를 종결했다.

〈참여자 활동예시 12-1〉

프로그램을 마치며…

조 ○ ○

처음에는 어떤 프로그램인지 모르고 들어왔는데 들어오길 잘 했다는 생각이 들었다. 지금까지 읽었던 책 중에서 가장 기억에 남는 책은 '빈 화분'이다. 솔직히 내가 그 상황이었더라면, 다른 아이들처럼 꽃을 가져갔을지도 모른다. 하지만, 이 책을 읽고 나도 정직하게 살아야겠다고 새삼 깨달았다. 그리고 또 기억에 남는 책은 '꼬마 아이를 먹을래'라는 책이다. 왜냐하면 이 책의 주인공인 꼬마 악어가 나랑 비슷한 점이 많기 때문이다. 어떤 점이 비슷하냐면, 꼭 꼬마 아이를 먹겠다는 고집과, 실행에 옮기고 나서야 자신의 처지를 깨닫는 성격, 또 나중에라도 꼭 꼬마아이를 먹겠다는 고집불통의 성격이 비슷하다. 그래서 꼬마악어의 심정과 생각이 공감이 잘 가는 것 같다. 그리고 이 책은 인내심과 자신이 원하는 것을 얻기 위해서 싫어하는 것도 해야한다는 것을 알려준다. 나는 이 사실을 알고 내가 너무 좋아하는 것만 하고, 싫어하는 것들을 하지 않고 있다는 것에 솔직히 조금 찔렸다. 그래서 나도 이제부터 내가 좋아하는 것만 하지 않고, 싫어하는 것들도 해야 한다고 깨달았다. 또 나는 아무리 잘못해도 정직하게 말해야 된다고도 깨달았다. 했던 것들이 다 기억나지 않지 않지만 내가 다짐했던 것들을 잘 지키려고 노력해서 하고 싶은 것을 하고 오늘 본 책처럼 가까이에서 행복을 찾도록 할 것이다.

임 ○ ○

나는 얼룩이 싫은 얼룩소가 기억에 남는다. 그 이유는 얼룩소가 자신이 마음에 안 들어서 흰색으로나 검은색으로도 바꾸었지만 다 마음에 안 들지 않아서 자신의 얼룩이 좋거나 그립다는 생각을 했던 게 기억에 남아서이다. 나도 내가 싫을 때가 있지만 그래도 나의 모습을 좋아하고 나의 모습을 존중해야 한다고 생각했다.

이 ○ ○

여태까지 여기서 한 수업 중에 제일 재미있었다. 그리고 편하게 수업한 것은 이번이 처음이다. 책을 좋아하는 편이 아닌데 책읽기도 재밌게 해서 만족하였다. 다음에도 이렇게 했으면 좋을 것 같다. 이번엔 몇 번 빠졌는데 다음엔 전부 나와서 해야겠다.

〈참여자 활동예시 12-1〉

프로그램을 마치며…

유 ○ ○

나는 지금까지 15기 동안 가장 기억에 남았던 책은 얼룩이 싫은 얼룩소이다. 그 이유는 그때 전신상 그리기를 했는데 그때 애들하고 더 친해진 것 같다. 그리고 이때 느낀 점이 내가 못 생긴 줄 알았는데 그 시간 이후 자신감이 생겼다.

김 ○ ○

오늘 본 '행복은 내 옆에 있어요'는 정말 마음에 와 닿았다. 행복은 주변에 있는 것이고 그것을 찾는 것은 나라는 것이 매우 감명 깊었다. 나도 멀리서 내 행복을 찾지 말고 지금 나에게 주어진 행복을 찾고 싶다.

노 ○ ○

행복한 청소부가 기억이 난다. 공부도 안하고 청소만 하던 아저씨가 갑자기 공부를 해서 사람들에게 인기를 얻고 강사도 하고 아무리 공부가 늦었다 해도 노력만 하면 훌륭한 사람이 될 수 있다는 생각이 들었다.

박 ○ ○

언제 보았던 동영상 의지에 관한 것이 기억에 남는다. 백수였던 사람이 스타가 되기까지 의지가 있어서 될 수 있었던 것 같다. 너무 감탄스러웠다. 나도 의지를 가지고 내가 하고 싶은 일을 하고 싶다.

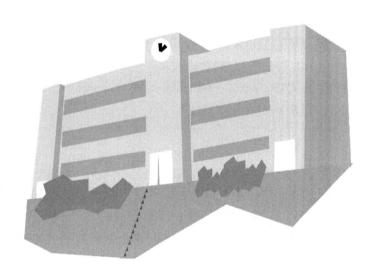

두 번째 만남

고등학생의 자신감 향상을 위한
독서치료 프로그램

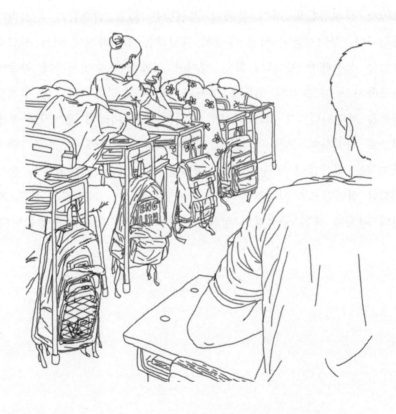

1. 프로그램 목표 및 필요성

자신감은 우리가 무엇이든 도전할 수 있게 만드는 중요한 자산입니다. 자신감은 스스로를 중요하게 여기는 마음과 자신이 해냈다는 성취의 경험을 통해 형성됩니다. 참여자들이 많은 시간을 보내는 학교에서 성취경험을 하지 못하면 자신감을 잃고 위축감과 무기력에 빠집니다. 참여자들이 학교 내에서 자신감을 획득하려면 어느 정도의 학업을 성취해야 합니다. 학업 성취에 실패하면 수업시간에 학습에 집중하지 못하고 다른 행동을 하거나, 매 시간 잠을 자는 등 부적응 행동을 보입니다. 그 결과 자신의 현재는 물론 미래의 삶까지도 부정적으로 인식하여 실천 의지를 갖기 어렵습니다. 이에 본 프로그램은 참여하는 학생들이 학습에 대한 동기를 갖고 프로그램 활동을 통해 경험한 성취감으로 자신감을 얻고 학교생활에 적응하는 것은 물론, 자신의 미래에 대한 긍정적인 상을 갖도록 돕는데 목표를 두었습니다.

2. 프로그램의 구성

이 프로그램은 고등학생들의 자신감 형성을 위해 이들에게 필요한 학습은 물론 생활 전반에 관한 동기와 자원을 찾는 것이 선행되도록 했습니다. 또한 주어진 환경을 재정립하고 성취에 도전하여 자신감을 얻도록 성취경험에 초점을 두었습니다. 참여자들은 고등학교 1학년 학생 10명으로 구성되었으며, 주 1회 120분, 총 10회 진행하였습니다. 이 프로그램 집단 참여자들은 여학생 8명 남학생 2명이었으며 대체적으로 성적이 낮아 학습은 물론 생활 전반에 자신감이 부족한 학생들이었습니다.

프로그램을 위한 세부 계획은 〈표 2-1〉과 같습니다.

〈표 2-1〉 고등학생의 자신감 향상을 위한 독서치료 프로그램

세션	세부목표	선정 자료	관련 활동
1	마음 열기	동영상 - 우리들의 뜨거운 고백 도서 - 난 곰인 채로 있고 싶은데	프로그램 소개 약속 정하기 자기소개
2	동기유발	도서 - 끈기 짱 거북이 트랑퀼라 동영상 - 마라톤을 완주하는 방법	도전목록 정하기

3	위축 요인 점검	동영상 - 의지와 의지의 차이 도서 - 하지만 하지만 할머니	위축 요인 점검 하지만
4	자원 충전	동영상 - 폴 포츠 도서 - 뚜벅뚜벅 타조 우화	숨은 보물찾기
5	환경 재정립	동영상 - 솔개의 선택 도서 - 새로운 시작	새로운 시작
6	학업성취 도전	동영상 - 항상 갈망하라 도서 - 위대한 똥파리	무한도전! 자성예언 만들기
7	학습능력 향상 1	도서 - 피튜니아 공부를 시작하다 동영상 - 어느 독서광의 일기	내가 공부하는 이유 나만의 학습스타일 점검
8	학습능력 향상 2	동영상 - 다큐 프라임 '공부의 왕도' ('배규비' 편) 도서 - 공부하는 난쟁이	학습 계획표 짜기
9	진로	동영상 - 쓸데없는 공부 도서 - 행복한 청소부	가치관 검사 나의 직업 카드
10	자신감 충전	동영상 - 배움 너머 '나를 키우는 자서전' 도서 - 우체부 슈발	자서전 쓰기

3. 프로그램의 실제

고등학생의 자신감 향상을 위한 독서치료 프로그램

<table>
<tr><td>제1회</td><td>마음 열기
〈프로그램 소개, 약속 정하기, 자기소개〉</td></tr>
</table>

독서치료 프로그램에서 '마음 열기'는 가장 중요한 단계라고 해도 과언이 아니다. 참여자와 치료사의 신뢰를 바탕으로 하는 치료 프로그램에서 치료사가 참여자의 마음을 여는 것은 기본이기 때문이다. 치료사는 치료사와 참여자의 관계는 물론, 집단 구성원인 참여자들끼리도 마음을 열도록 촉진해야 한다. 그러나 청소년 집단은 다른 어느 집단보다도 마음을 여는 것이 쉽지 않다. 그들은 자신들만의 세계에서 똘똘 뭉쳐있으며, 그들만의 언어와 사고로 이해의 세계를 구축해 나가기 때문에 다른 세대에 대해 개방적이지 않다. 어른들에 대해서는 더욱 그렇다. 그럼에도 불구하고 치료사는 이 역할을 잘 해내야 한다. 첫 번째 관문인 마음의 문을 열어야 다음 문을 향해 들어갈 수 있기 때문이다.

(1) 선정 자료
① 「우리들의 뜨거운 고백 : 지식채널 ⓔ / EBS-TV」

이 영상은 잘 알려진 EBS-TV '지식채널 ⓔ' 중에서 고른 자료이다. 어느 공고에서 선생님과 아이들이 함께 엮은 시와 그들의 이야기로 구성되었다. 학교에서 가장 기다리는 시간이 점심시간과 종례시간이며, 대부분의 수업시간에는 잠을 자고, 하교 후에는 배달을 해야 하는 아이들에게, 공부는 그저 남의 이야기일 뿐이며 자신감은 더 더욱 부족하다. 선생님의 제안으로 시를 쓰기 시작한 날 아이들은 무엇을 써야할지 몰라 당황하지만, 무엇이든 써도 된다는 선생님의 격려에 용기를 내어 시 쓰기에 도전한다. 결국 아이들은 자신의 마음을 담아 시를 쓸 수 있게 되고 조금씩 자신감을 얻게 된다.

참여자들이 자신감이 부족하다는 점에서 영상 속의 아이들과 닮은 점이 있었고, 자신감을 얻도록 격려하기 위해 이 영상을 선정하였다. 참여자들은 이 영상의 내용에 공감했으며 영상 속의 아이들이 쓴 시를 보고 감탄했다.

② 「난 곰인 채로 있고 싶은데… / J. 슈타이너 글, J. 뮐러 그림, 고영아 옮김 / 비룡소」

이 책에는 자신이 곰이라는 것을 증명하지 못해 곰이 아닌 다른 존재로서 살아가야 하는 곰이 등장한다. 이제 막 겨울잠에서 깨어난 이 곰은 자신은 분명 곰인데도 누구도 그것을 믿어주지 않아 답답해 하지만, 다른 곰들과 다른 모습으로 살아가는 자신이 곰이라는 것을 증명할 방법을 찾지 못한다. 결국 공장의 노동자가 되어 그들이 입혀 준 옷을 입고 그들이 시키는 대로 살아간다. 그러던 중에 공장에서 쫓겨나게 되고, 쉴 곳을 찾아 모텔로 들어간다. 모텔 주인이 곰에게는 방을 줄 수 없다고 하자, 그제야 곰은 자신이 곰이라는 사실을 떠올렸다. 걷고 걸어서 동굴 앞에 웅크리고 앉아 자신이 정말 곰인지를 고민한다. 책의 마지막 장면에서는 곰은 사라지고 동굴 앞에 있는 나뭇가지에 곰이 입었던 옷이 걸려있다. 이 장면은 곰이 드디어 자신의 모습을 찾게 되었음을 보여준다. 타인에 의해 입혀진 옷을 벗어버리고 자신의 모습으로 돌아간 것이다. 이제 곰은 스스로의 모습대로 살아갈 것이며, 자발성을 갖게 될 것이고, 자발적인 생을 살아갈 것이다.

이 책을 선정 자료로 고른 이유는, 참여자들이 등장인물인 곰처럼 자신의 모습을 찾아 자신감을 갖고 자기주도적인 삶을 살아가기를 바라는 마음에서였다. 참여자들은 이 책을 보고 자신의 진짜 모습에 대해 생각해 보게 되었다고 했다. 타인의 인정을 받기 위해서가 아닌 자신의 모습으로 살아가고 있는지를 돌아보게 된 것이다. 그런 면에서 이 책은 참여자들에게 강렬한 자극이 되었음에 틀림없다.

(2) 관련 활동

① 약속 정하기

집단 프로그램의 장점은 시간과 비용을 줄일 수 있고, 참여자들이 안고 있는 어려움이 자신만의 문제가 아닌 보편적인 문제임을 인식하며, 자신의 어려움을 객관적인 시각에서 바라볼 수 있도록 돕는다는데 있다. 집단 내에서 자신의 입장이나 상황과 비슷한 참여자들과 상호작용을 하다보면 자신의 어려움에 대해 공감을 얻기도 하고 통찰에 이르기도 한다. 그러나 집단 내에서 공감을 얻지 못하고 다른 참여자들로부터 소외받는다는 인상을 받게 되거나, 자신의 비밀을 노출하는 것으로 인해 상처를 경험한다면 참여자는 집단 프로그램에 참여한 것 때문에 오히려 더 큰 상처를 받게 된다. 그러므로 이를 사전에 예방하기 위해서 집단은 규칙이 필요하고, 집단 프로그램에 참여하는 참여자들은 집단의 규칙을 지키겠다는 약속을 하고 이를 지켜야 한다. 이는 원활하고 효과적인 프로그램이 되는데 반드시 필요한 부분이다. 집단 프로그램에 참여하는 동안 타인의 비밀을 지켜주고 서로의 말이나 감정을 존중하고 공감해주는 등의 규칙은, 참여자들로 하여금 안정감과 편안함을 느끼게 해준다. 활동 자료는 〈참여자 활동자료 1-1〉과 같다.

② 자기소개

처음 만나는 대상에게 자기를 소개하는 것은 쉬운 일이 아니다. 자신을 드러내는 것이 익숙하지 않은 사회문화적 환경에서 살고 있는 우리 문화에서는 더욱 그러하다. 자신에 대해 상대방이 어떤 선입견이나 편견을 가질 수도 있고, 그것이 자신을 평가하는 기준이 될 수 있다는 우려 때문에 자신을 드러내는 것을 망설이게 된다. 용기 있게 자신을 드러내기로 결심 한다 해도 어떻게 자신을 소개할 것인가에 대한 고민을 하게 된다. 이때 활동지를 활용하여 참여자의 자기소개를 도울 수 있다. 막연하게 자기소개를 해야 한다고 생각할 때는 간단하게 이름, 나이, 취미, 가족관계 등 피상적이고 형식적인 소개에 그치고 만다. 그러나 구체적인 소개 항목을 제시한 활동지를 통해 자기를 소개하도록 유도한다면, 참여자는 부담을 덜 느끼면서 소개를 할 수 있고 치료사는 참여자에 대해 보다 구체적인 정보를 얻을 수 있다. 참여자들에게 활동지를 제공하면서 가능한 한 빈칸을 채우도록 유도하고 채우기 어려운 항목 몇 개 정도는 채우지 않아도 된다고 설명해주면 된다. 이 활동지를 활용해 자기소개를 할 때는 참여자가 노출하고 싶은 만큼만 나누면 된다. 이때 치료사는 참여자가 채운 활동지 내용을 공통된 몇 개의 항목으로 묶어 참여자의 특성을 이해할 수 있다. 또 적절한 질문이나 발문을 통해 참여자에 대한 이해를 넓힐 수 있다. 이렇게 얻은 참여자의 특성은 남은 회기동안 치료사와 참여자가 함께 다루어야 할 참여자의 근원적인 어려움에 대한 중요한 정보가 된다. 활동 자료는 〈참여자 활동자료 1-2〉와 같다.

우리들의 약속

 * 나는 이 프로그램에 참여하면서 다음과 같은 약속을 지킬 것을 서약합니다. *

1. 결석이나 지각을 하지 않고 프로그램에 열심히 참여하겠습니다.

2. 프로그램 목표에 도달하도록 최선을 다하겠습니다.

3. 비밀을 꼭 지키겠습니다.

4. 친구들의 말에 경청하겠습니다.

5. 프로그램 활동에 적극적으로 참여하겠습니다.

년   월   일

이름 :   (서명)

자기소개 - 나는 누구일까?

1. 나의 이름은?

2. 내게 가장 소중한 것은?

3. 지금 나의 가장 큰 고민은?

4. 내가 가장 듣고 싶은 말은?

5. 내가 가장 듣기 싫은 말은?

6. 내가 가장 잘하는 것은?

7. 내가 가장 못하는 것은?

8. 지금까지 내가 한 일 중에 가장 잘 한 일은?

9. 지금까지 내가 한 일 중에 가장 잘못한 일은 ?

10. 나에게 친구는?

11. 나에게 가족은?

12. 나에게 학교는?

13. 나의 꿈은?

14. 나는 내 자신에게 어떤 사람이라고 생각하는가?

15. 나는 타인에게 어떤 사람이라고 생각하는가?

16. 지금 나에게 가장 필요한 것은?

17. 이 프로그램에 내가 기대하는 것은?

동기유발
〈도전목록 정하기〉

참여자들이 프로그램에 지속적으로 참여하고 자신의 어려움을 해결하는데 적극적인 태도를 갖도록 하기 위해서는 프로그램에 대한 동기가 필요하다. 동기가 충분한 사람이라도 어떤 일을 시작하여 마무리를 짓는 데는 많은 어려움을 만나게 된다. 그럴 때마다 자신이 무엇을 위해 이 일을 하고 있는지, 또는 궁극적으로 무엇을 얻을 수 있는지에 대한 목표를 떠올리며 동기를 충전할 수 있다. 이 프로그램에 참여하는 대상은 자신감이 부족하고 동기가 충분하지 않다는 점을 고려하면, 프로그램에 목표와 동기를 갖고 참여하도록 유도하는 것이 다른 대상에 비해 어려운 작업이지만 절실하게 필요한 부분이다. 참여자들이 이 프로그램에서 얻고자 하는 것은 자신감과 자발성이었으며 자신에게 도움이 되는 책을 많이 만나고자 했다. 먼저 프로그램과 자신의 일상에서 성취하고자 하는 목록을 정하고, 참여자들이 이 프로그램을 종결한 후에 자신이 무엇을 성취했는지를 점검하기 위한 체크리스트를 만들었다.

(1) 선정 자료
① 「끈기 짱 거북이 트랑퀼라 / 미하엘 엔데 지음, 유혜자 옮김 / 보물창고」
이 책에 등장하는 거북이 트랑퀼라는 어느 날, 사자 대왕 레오 28세의 결혼식에 모든 동물이 초대되었다는 소식을 듣게 된다. 거북이 트랑퀼라는 사자대왕 레오 28세의 결혼식에 참석하려고 길을 떠난다. 길을 가던 중 여러 동물들을 만나게 되었고, 그들은 모두 거북이 트랑퀼라의 걸음으로는 결혼식 시간에 맞춰 도착할 수 없으니 포기하라고 충고한다. 그러나 그때마다 거북이 트랑퀼라는 제 시간에 도착

할 수 있다고 자신 있게 말한다. 온갖 어려움을 이겨내며 계속 길을 가던 중 까마귀로부터 사자대왕 레오 28세가 호랑이와 싸우다 죽어 결혼식 대신 장례를 치르는 중이라는 말을 듣게 된다. 그러나 거북이 트랑퀼라는 결혼식에 참석하기 위해 길을 재촉한다. 결국 거북이 트랑퀼라는 사자대왕 레오 29세의 결혼식에 참석할 수 있게 된다. 그리고 자신이 말한 대로 제 시간에 맞춰 도착했다고 뿌듯해한다.

이 책을 선정 자료로 고른 이유는 참여자들이 이 책의 등장인물인 거북이 트랑퀼라의 끈기를 배우기를 바라는 마음에서였다. 참여자들이 만나게 될 세상은 많은 어려움과 유혹이 있을 것이고 그때마다 좌절을 하게 될지도 모른다. 이 책은 너무 힘들어서 다 포기하고 싶을 때나 누군가의 유혹에 빠져 시간을 허비하게 될 때 떠올릴 만한 책이라는 생각이 들었다. 거북이 트랑퀼라가 가진 다리와 빠르기로는 도저히 이루어낼 수 없는 일을 그의 말처럼 '한 발짝씩 한 발짝씩' 자신을 믿고 걸어간 덕분에 이루어낸 것이다. 그가 이루고자 한 것과 똑같지는 않지만 비슷한 목표를 이루어낸 것이다. 자신을 믿고 꾸준히 하다보면 원하는 것과 비슷한 것을 얻게 된다는 것을 참여자들이 배우게 되기를 바라는 마음으로 이 책을 권했다.

② 「마라톤을 완주하는 방법 : 지식채널 ⓔ / EBS-TV」

이 영상 역시 EBS-TV 프로그램 '지식채널 ⓔ' 중에서 고른 자료이다. 영상을 매 회기 자료로 활용한 이유는 청소년들에게 익숙한 영상 매체로 흥미와 집중을 유도하기 위한 것이었다. 이 영상에서는 42.195km를 달려야 하는 마라톤을 완주하기 위해서는 1000m씩 41번을 달리면 된다고 말한다. 어려운 일이지만 못 할 것도 없다는 것이다. 인생도 이와 마찬가지이며 한 번에 하나씩 목표를 이루어가다보면 자신이 원하는 꿈을 이룰 수 있다고 말이다. 목표를 정하고도 이루지 못하는 많은 사람들 중에는 그 목표를 한 번에 이루려고 하거나 도저히 이룰 수 없는 목표라고 여겨서 미리 포기하는 사람들이 있다. 청소년들도 마찬가지다. 성적과 진로, 미래에 대한 계획을 설정하고 그것이 너무 힘들다고 주저앉거나 아예 시도조차 하지 않는 많은 아이들에게, 이 영상은 방법을 제시하고 있다는 점에서 촉진제다. 이 프로그램의 참여자들 역시 성적이 낮아 공부에 자신감이 없어 계획을 설정하는 것 자체가 무의미하다고 여기거나, 막연한 계획을 가지고 있어 무기력하기도 하고 환상에 빠져있기도 했다. 이들의 동기 유발을 위해 제시한 이 영상이 프로그램 종결 후에도 기억되기를 바란다.

(2) 관련 활동

① 도전 목록 정하기

이 활동은 참여자가 이 프로그램에 참여하는 동기를 분명하게 하고 지속적이고 적극적인 자세로 프로그램에 참여하도록 하기 위해, 프로그램에 대한 목표나 자신의 삶에 대한 목표를 참여자가 직접 설정하는 것이다. 참여자 스스로 계획한 목표는 참여자의 동기부여는 물론 자발성이나 주도성에도 도움이 된다. 스스로 정한 목표를 성취하는 경험을 통해 이후의 자신의 삶에서도 주도적이고 자발적인 계획을 수립할 수 있으며 자신감을 얻을 수 있다. 치료사는 참여자가 설정한 목표에 참여자의 어려움을 돕기 위해 필요한 목표를 함께 포함시키도록 할 수 있다.

<참여자 활동자료 2-1〉

나의 목표

이 활동은 여러분이 이 프로그램에 참여하는 동기를 분명하게 하고 지속적이고 적극적인 자세로 프로그램에 참여하도록 하기 위해 프로그램에 대한 목표나 자신의 삶에 대한 목표를 여러분이 직접 설정하는 것입니다. 구체적인 목표를 정하는 것은 막연하게 계획한 것을 이루게 해주는 힘이 됩니다. 그럼 구체적인 목표를 정해볼까요?

프로그램 성취 목표	체크	나의 성장을 위한 생활 목표	체크
긍정적으로 생각하기		내신 성적 올리기	
자신감 기르기		자격증 따기	
내가 진짜로 하고 싶은 일 찾기		악기 배우기	
집중력 기르기		인터넷 줄이기	
지식 넓히기		적극적인 학교생활	
책에 대한 흥미 갖기		휴대폰 사용 시간 줄이기	
친구들과 대화 많이 하기		무조건 행복해지기	
나에 대해 알기		소설 한 편 써보기	

위축 요인 점검
〈위축요인 점검, '하지만'〉

　이번 회기는 프로그램에 참여하는 대부분의 참여자들이 자신감이 위축된 상태였으므로, 그 요인을 찾아 제거하도록 돕기 위해 계획한 단계이다. 참여자들은 성취 경험이 부족하고 무엇이든 할 수 없다고 생각해서 시도하는 것을 두려워한다. 실패를 먼저 생각하기 때문이다. 결국 포기하고 만다. 시도에 대한 두려움은 자신도 할 수 있는 것이 많다는 것을 배울 기회를 잃는 것이다. 기회는 누구에게나 있지만 기회를 활용하는 사람에게만 그것은 값진 결과를 가져온다. 이번 회기는 참여자들이 '나도 할 수 있다.'라는 마음으로 작은 것이라도 성취하려고 의지를 갖는 기회의 시간이다.

　대부분의 참여자들은 특히 학습에 관련하여 한 번도 인정을 받아본 적이 없었으며 지금도 여전히 수업 시간에 외계어를 듣고 있는 심정이라고 말했다. 잘 하고자 하는 마음을 먹어도 무엇을 어떻게 어디에서부터 시작해야 할지 모르겠고 도움을 받기에도 늦었다는 생각이 든다고 했다. 고등학생인데 중학교 때 배운 것을 모르는 상황이라 도움을 받는 것조차 부끄럽다고 했다. 이들에게 가장 중요하다고 할 수 있는 학습에 대한 무기력감이 자신감 위축요인이다.

(1) 선정 자료
　① 「하지만 하지만 할머니 / 사노 요코 글·그림, 정근 옮김 / 언어세상」
　이 책에는 98세인 건강한 할머니와 씩씩한 수컷 고양이가 등장한다. 고양이는 낚시를 가면서 할머니에게 함께 가자고 권하지만 할머니는 자신의 나이가 많아 낚시를 하는 모습을 다른 사람이 보고 웃는다고 하며 거절한다. 할머니의 99세 생일 날, 할머니의 케이크에 꽂을 초를 사러 간 고양이는 초를 빠뜨리는 바람에 다섯 개밖에 안 남은 초 덕분에 할머니는 다섯 살이 된 기분을 만끽한다. 다섯 살이 된 할머니는 낚시를 하러 갈 수도 있고 개울을 건널 수도 있게 된다. 나이 때문에 늘 고양이를 부러워하기만 하던 할머니는 다섯 살이 되어 그동안 해보지 못한 것을 맘껏 할 수 있게 된다. 할머니는 고양이에게 내년에도 초를 다섯 개만 사오라고 부탁한다. 할머니는 그동안 자신이 나이를 핑계 삼아 할 수 있는 것을 하지 못했다는 것을 알게 된 것이다.

이 책을 이번 회기의 자료로 고른 이유는 참여자들의 자신감이 위축된 이유 중의 대부분은 시도하기도 전에 여러 가지 합리화를 하고 있을 가능성이 있기 때문이다. 이 책이 참여자들의 통찰을 도울 수 있다고 보았다. 실제로 프로그램에서 이 책을 만난 참여자들은 할머니의 상황이나 감정에 동일시하는 모습을 보였다. 자신의 모습을 통찰할 수 있는 좋은 역할을 해주었다.

② 「依支와 意志의 차이 : 지식채널 ⓔ / EBS-TV」

알에서 매미가 되는데 걸리는 시간은 7년, 그 기다림을 이겨내고 이제 허물을 벗기만 하면 매미가 된다. 허물을 벗는데 걸리는 시간은 반나절, 누군가의 도움으로 허물을 벗으면 사망하지만 혼자 힘으로 허물을 벗으면 살아갈 수 있는 힘을 얻는다.

헐리우드 스타 실베스터 스텔론의 인생을 바꾸어놓은 권투 시합, 권투 챔피언 선수와 무명 선수의 시합에서 그는 코뼈가 부러지고 눈가가 찢어지는 데도 15라운드까지 버틴 무명 선수를 보게 된다. 결과는 챔피언 선수가 이겼지만, 무명 선수의 강한 의지를 보고 지금까지 한심하게 살아온 자신의 모습을 반성하고 3일 만에 시나리오를 완성한다. 그것이 바로 '록키'다. 1976년 허리우드 최고 흥행기록을 달성한다. 1977년 49회 아카데미 시상식에서 작품상, 감독상, 편집상을 수상하는 영예를 안게 된다. '依支가 意志로 바뀌는 순간 우리의 삶이 달라진다.'라고 말하는 이 영상을 통해, 참여자들이 자신의 삶에 意志를 불태우기를 바라는 마음으로 고른 자료이다.

생후 13개월에 시력을 상실한 한 남자가 박쥐를 연구하여 혼자서 요리하고 자전거 타는 것 등을 할 수 있게 되었다 다른 사람에게 依支하지 않고 말이다. 뿐만 아니라 많은 시각장애인들을 위한 단체를 설립하여 그들을 돕기까지 한다. 사막의 오지에 자신의 자식들을 살게 할 수는 없다며 품삯 대신 묘목을 받아 나무를 심은 사람도 있다. 20년 후 800만평의 사막은 숲이 되었다. 오직 한 사람의 意志로 말이다. 意志는 기적을 만들어낸다.

이 영상을 본 참여자들이 意志와 依支 중 무엇을 택하겠는가? 그렇다. 참여자들은 意志를 선택한다. 자신의 가능성을 믿고 자신의 가슴에 意志를 심을 것이다. 비록 이 시간이 지나면 意志가 망각의 다리를 건너더라도 우리는 끊임없이 그들에게 意志를 심도록 돕는 意志를 보여야 한다.

(2) 관련 활동

① 위축 요인 점검

참여자들의 자신감을 위축시키는 요인이 무엇인지 알아야 제거도 가능하다. 우리는 무엇 때문에 어떤 것을 할 수 없다고 생각하고 그 것을 해보기도 전에 포기할 때가 많다. 설령 해보았다 하더라도 몇 번 시도하다가 '역시 안 되는 구나!'라고 포기해버렸을 가능성이 많다. 그러나 무엇이든 쉽게 얻을 수 있는 것은 없다. 그것이 내가 절실하게 원하는 것이라면 더 더욱 많은 시간을 투자해야 한다. 우리가 할 수 없다고 생각한 순간부터 그것은 정말 할 수 없는 것이 되고 만다. 그 일에 도전하거나 시도할 意志가 생기지 않기 때문이다. 그 일을 할 수 있다는 것을 배울 기회를 놓치고 만 셈이다.

② '하지만'

위축 요인을 찾았다면 그것이 도저히 할 수 없는 일인지를 참여자 스스로 따져보게 도와야 한다. 대부분의 위축 요인은 참여자 자신들이 따져보아도 핑계이거나 합리화라는 것을 알게 된다. 이제 자신의 생각이 타당하지 않다는 것을 알았다면 생각을 바꿀 일만 남았다. 생각을 바꿔 결심을 하고 실행하는 것이 쉬운 일이 아니다. 어렵게 마음을 먹었는데 여러 가지 시련을 만나게 되면 좌절감을 경험하게 되고 차라리 포기하고 싶을지도 모른다. 그러나 시련을 극복하는 것은 다른 누구도 아닌 자신을 위한 것이다. '意志'만 있으면 무엇이든 할 수 있다는 쇼펜하우어의 말처럼 될 때까지 해보자. 치료사가 고른 선정 자료를 기억하면서 말이다. 치료사의 격려와 지지와 참여자들에게 비타민이 될 것이다.

난 ~ 때문에 ~ 할 수 없어

우리가 하고 싶은 것을 할 수 없게 하거나 자신감 없게 만드는 것은 무엇인가요?

1. 난 (   ) 때문에 (   ) 할 수 없어.

2. 난 (   ) 때문에 (   ) 할 수 없어.

3. 난 (   ) 때문에 (   ) 할 수 없어.

4. 난 (   ) 때문에 (   ) 할 수 없어.

5. 난 (   ) 때문에 (   ) 할 수 없어.

6. 난 (   ) 때문에 (   ) 할 수 없어.

7. 난 (   ) 때문에 (   ) 할 수 없어.

8. 난 (   ) 때문에 (   ) 할 수 없어.

9. 난 (   ) 때문에 (   ) 할 수 없어.

10. 난 (   ) 때문에 (   ) 할 수 없어.

하지만 난 ~ 할 수 있어

우리를 자신감 없게 만드는 그것이 정말 우리가 하고 싶은 일을 할 수 없게 만드는 것이 분명한가요? 그럼 이번에는 우리를 자신감 있게 만드는 것이 무엇인지 떠올려 볼까요?

1. 하지만 난 (   ) 할 수 있어.

2. 하지만 난 (   ) 할 수 있어.

3. 하지만 난 (   ) 할 수 있어.

4. 하지만 난 (   ) 할 수 있어.

5. 하지만 난 (   ) 할 수 있어.

6. 하지만 난 (   ) 할 수 있어.

7. 하지만 난 (   ) 할 수 있어.

8. 하지만 난 (   ) 할 수 있어.

9. 하지만 난 (   ) 할 수 있어.

10. 하지만 난 (   ) 할 수 있어.

자원 충전
〈숨은 보물찾기〉

사람은 저마다 자신의 자원을 가지고 있지만 그것을 발견하지 못하거나 잘 활용하지 못하기도 한다. '공부 공화국'에 살고 있는 우리 사회에서는 공부와 관련 있지 않으면 자원이 아닌 것으로 치부되기 쉽다. 그런 분위기 속에서 자란 참여자들 역시 자신들에게는 자원이 없다고 말한다. '그림을 조금 그리고', '노래를 조금 하고', '춤을 조금 추고', '글을 조금 쓰고' 등의 조금 잘 하는 것들을 이야기하면서, 그것은 자신들의 삶에 있어 취미일 뿐 크게 도움이 되지 않는다고 했다. 참여자들이 생각하는 자원은 역시 공부와 관련된 것이었으며 그것도 뛰어나게 잘 하는 것이어야 했다. 이때 치료사의 역할이 필요하다. 자원은 누구에게나 있으며, 그것은 작은 것이든 큰 것이든 개발하기 나름이라는 것을 알려줄 필요가 있다. 아무리 좋은 자원을 갖고 있더라도 그것을 발견하지 못하거나 활용하지 못하면 그것은 가치가 없는 것이기 때문이다. 자신의 자원을 찾지 못하는 중요한 이유 중의 하나는 다른 사람과 자신을 비교하여 그들이 가진 자원을 자신에게서 찾으려고 하는 것이다. 그러나 모든 사람이 같은 자원을 보유하고 있는 것이 아니며, 자신에게 있는 자원을 찾아 자신의 것으로 만들어가는 것이 중요하다는 것을 알아야 한다. 이번 회기가 참여자들이 자신의 자원을 찾아 자원을 장착한 사람으로 거듭나는 시간이 되기를 바란다.

(1) 선정 자료

① 「폴 포츠 : 지식채널 ⓔ / EBS-TV」

주인공 폴 포츠는 아무도 주목하지 않은 외모와 수줍은 성격의 소유자인 30대 휴대폰 판매원이었다. 어렸을 때부터 그는 혼자 있을 때는 언제나 노래를 불렀으며 성악가의 꿈을 꾸지만 교통사고와 종양으로 포기하고 만다. 그러나 그는 평범한 회사원으로서의 삶을 살면서도 끝까지 자신의 꿈을 놓지 않았다. 음악 오디션 프로그램에 참가했을 때 심사위원들은 목소리는 긍정적으로 평가했으나 외모를 지적했다. 하지만 폴은 좌절하지 않고 영국 최고의 음악 오디션에 참가해서 심사위원과 관중들을 감동시켰다. 그리고 그는 꿈을 이루었다. 누구도 예상하지 못한 결과였지만 그의 노력은 그가 얻은 결과를 알고 있었다. 참여자들이 이 동영상의 주인공인 폴의 끈기와 의지를 배울 수 있기를 바라는 마음에서 선정한 자료이다. 이번 회기에 프로그램에 대한 목표나 자신의 삶에 대한 목표를 세우고 그 목표를 향해 조금씩 나아가되, 결코 좌절하거나 포기하지 않기를 바라는 마음을 전할 수 있는 좋은 자료이다.

② 「뚜벅뚜벅 타조 우화 / 이윤희 지음, 김세온 그림 / 파랑새어린이」

이 책에는 타조가 등장한다. 타조는 날기 위해 작은 새들보다 배고픈 걸 더 잘 참아야 했다. 어느 날 타조는 맛있는 열매 앞에서 참지 못하고 그만 맘껏 먹고 말았다. 타조는 날 수가 없어서 난생 처음 걸으면서 지금까지 왜 날아야만 한다고 생각했는지를 고민하게 된다. 작은 날개와 길고 튼튼한 두 다리는 날기보다는 오히려 걷기에 더 적합한 신체구조라는 것을 깨닫게 된다. 그리고 타조는 자신이 깨달은 것을 이렇게 정리한다.

"나는 나답게 살 거야. 튼튼한 두 다리로 걷고 뛸 거야. 난 새이지만, 새 중에서도 나는 타조거든."

타조가 타조답게 사는 법을 깨달은 것처럼, 참여자들도 다른 누구도 아닌 자신답게 사는 법을 배우기를 바라는 마음에서 고른 자료이다.

(2) 관련 활동
① 숨은 보물찾기

이 활동은 수많은 자원 중에 자신이 보유한 숨은 자원을 찾는 것이다. 아주 작은 것이라도 찾아내어 그것을 개발하고 활용하는 방법을 모색함으로써 새로운 시작에 자극이 되도록 돕는 것이 중요하다. 자신에게도 자원이 있다는 자각은 자기 효능감의 밑천이 된다. 참여자들이 자신이 하고자 하는 일에 무모할 만큼 용기를 낼 수 있도록 지지하는 활동이다. 이 활동에서서 필요한 것은 자원의 기준을 타인에게서 찾지 말고 자신에게서 찾아야 한다는 것이다. 자신의 자원을 찾아 보물로 만드는 것은 보편적인 것이 아닌 개인적이고 특수한 것이 되어야 하기 때문이다. 또한 찾아낸 자원을 어떻게 활용할 것인가를 생각하는 것이 필요하다. 자원은 원석과 같은 것이어서 갈고 닦아 보물로 만드는 수고와 노력의 과정이 필요하다. 참여자들은 함께 이 부분을 나누면서 자신이 찾은 자원이 하고자 하는 일에 어떤 식으로든 활용될 수 있다는 것을 발견했다.

나에게서 보물을 찾아라

그림을 잘 그린다.

자기 생각을 조리 있게 말한다.

기억력이 좋다.

인사를 잘 한다.

다른 사람의 말을 잘 들어준다.

똑똑하다.

메모를 잘 한다.

내가 알고 있는 것을 다른 사람에게 잘 전달한다.

잘 웃는다.

이야기를 재미있게 한다.

성실하다.

무엇이든 빨리 배운다.

글을 잘 쓴다.

식물을 잘 돌본다.

다른 사람에게 베푸는 걸 좋아한다.

집중력이 있다.

건강하다.

잘 하는 게 없어도 나는 나를 좋아한다.

어려운 일이 생겨도 당황하지 않고 해결책을 찾을 줄 안다.

물건을 아껴 쓴다.

추위를 잘 참는다.

편식하지 않고 골고루 잘 먹는다.

관찰력이 뛰어나다.

글씨를 잘 쓴다.

길을 잘 찾는다.

인상이 좋다.

인정이 많다.

아이디어가 많다.

감정 표현을 잘 한다.

유머가 있다.

목소리가 좋다.

호기심이 많다.

동물을 좋아한다.

요리를 좋아한다.

눈이 맑다.

에너지가 넘친다.

노래를 잘 한다.

준비성이 있다.

잘 씻는다.

친구를 잘 사귀고 친구가 많다.

환경 재정립
〈새로운 시작〉

이제 환경을 재정립하여 새로운 시작을 할 단계이다. 지금까지 자신을 둘러싸고 있는 상황이 부정적인 것뿐이라고 생각해서 무기력했던 모습, 무엇을 해도 좋은 결과를 기대할 수 없다고 생각해 아예 시도조차 하지 않았던 모습에서 탈출해 새롭게 발을 내딛을 준비를 하도록 돕기 계획한 회기이다. 지난 회기에 찾은 자원을 활용해 자신을 위한 선택을 하는 것이다. 같은 상황에서도 어떤 사람은 전부가 아니면 안 된다는 생각에 부정적인 것만을 보게 되고, 어떤 사람은 하나라도 있으면 괜찮다는 생각에 희망을 발견하려 한다. 어떤 경우에도 그것을 바꿀 만한 기회는 있다. 어딘가에 그 기회를 활용할 가능성이 있는데도 그것을 발견하는 사람만이 활용할 수 있다. 참여자들이 이번 회기를 통해 전부가 아니면 안 된다는 생각에서 벗어나 하나라도 활용할 자신이 있는 사람으로 거듭나기를 바란다. 환경은 자신이 마음먹기에 따라 다르게 인식되므로 자원이 많은 환경에 자신을 올려놓는 지혜가 필요하다.

(1) 선정 자료

① 「솔개(독수리)의 선택 : 지식채널 ⓔ / EBS-TV」

솔개는 수명이 길어 70~80년을 산다. 그렇게 살기 위해서는 반드시 거쳐야 할 힘든 과정이 있다. 40년 정도를 살면 부리는 구부러지고 발톱은 닳아서 무뎌지고 날개는 무거워져 날기도 힘든 볼품없는 모습이 되고 만다. 그렇게 되면 중요한 선택을 해야 한다. 그렇게 지내다가 서서히 죽느냐 아니면 고통스러운 과정을 통해 새로운 삶을 살 것인지를 결정해야 한다. 만약 고통스러운 과정을 통해 새로운 삶을 살기로 결정했다면 바위에 부리를 쪼아대어 구부러진 부리를 없애면 튼튼한 새 부리가 돋아난다. 새로운 부리로 자신의 발톱을 모두 뽑아야 새 발톱이 나온다. 마지막으로 깃털을 모두 뽑아 새 깃털이 나오도록 한다. 이렇게 생사를 건 130일이 지나면 새로운 40년의 삶을 살 수 있게 된다. 이처럼 변화를 위해서는 용기 있는 결단력이 필요하다. 참여자들이 이 자료를 통해 변화를 위해 자신에게 필요한 것이 무엇인지를 생각해보고 그것을 기꺼이 시도하는 결단력을 보이기를 바라는 마음으로 고른 자료이다. 참여자들은 계획을 세우고 결심을 자주 하지만 오래가지 않는다고 했다. 그러나 이 영상을 보고 나니 무엇이든 그것을 얻기 위해서는 대가를 지불해야 한다는 것을 배웠다고 했다.

　② 「새로운 시작 / 파울라 카르바에이라 지음, 존야 다노프스키 그림, 　　김시형 옮김 / 노란상상」

　전쟁이 끝난 후 폐허가 된 마을에는 '우리'가 살 집조차 없었다. 하지만 엄마는 "그래도 슬퍼하지 말자. 우리에겐 차가 있으니까." 그때부터 '우리'는 차 안에서 살게 되었다. 시간이 흘러 옷이 너무 낡아 입을 수가 없게 되었다. 그러나 아빠는 "뭐 어때, 그만큼 빨랫감이 줄잖니." 전기도 없는 밤에 '우리'는 무서웠지만 서로를 껴안고 잠이 들었다. 그러던 어느 날, 어떤 아이가 놀이를 시작했고 다음 날에는 어떤 아이가 웃음을 터뜨렸고 어떤 아저씨의 요리 이야기를 들으며 배고픔을 잊었다. 조금씩 살아나는 마을과 '우리'는 새로운 시작을 알리는 파티를 열었다.

　이것이 이 책의 줄거리이다. 희망이라고는 꿈꿀 수 없을 것 같은 폐허 속에서도 새로운 시작을 준비하는 사람들이 있다. 그들은 절망하기보다는 자신들이 처한 상황에서 한 줌의 가능성을 찾아 희망을 키워간다. 참여자들이 처한 상황이 아무리 절망적이라도 가능성이 있게 마련이며 그 가능성은 스스로 찾아야 희망이 된다는 것을 배우기를 바라는 마음에서 고른 자료이다. 참여자들은 모두 환하게 웃는 마지막 장면을 인상 깊은 장면으로 꼽았다. 그것은 희망의 메시지기 때문이다. 자신들도 그렇게 환하게 웃고 싶다는 참여자들의 마음 안에 희망이 열매 맺기를 바란다.

(2) 관련 활동

① 새로운 시작

선택은 늘 갈등을 동반한다. 어떤 선택을 하든지 기회비용을 지불해야 하기 때문이다. 선택을 한 후에도 우리는 놓쳐버린 또 다른 기회를 떠올리며 후회한다. 그러기에 선택은 늘 신중해야 한다. 결정을 하고 난 후에도 역시 선택에 따른 대가를 지불해야 한다. 선택을 할 때 우리는 선택의 결과를 예측하며 자신에게 더 적합하고 실행하기 쉬운 선택을 하게 된다. 이 활동지를 통해 참여자들이 자신의 선택의 결과를 예측하고 보다 적절한 선택을 하도록 구성했다. 대부분의 참여자들은 지금은 힘들더라도 자신의 미래를 위해 도전해보는 쪽을 선택했다. 새로운 시작을 결심한 것이다. 새로운 시작을 위해서 참여자들이 가장 먼저 할 일은 결심하는 것이다. 다음은 변화를 위해 필요한 것을 지금 당장 실행하는 것이다.

새로운 시작

- 솔개의 선택 -

* "발톱을 뽑는 일은 너무 고통스러운 일이야."의 결과

* "발톱을 뽑는 고통이 따르더라도 새로운 삶에 도전하는 거야."의 결과

- 나의 선택 -

* "지금도 힘든데 더 노력하는 건 너무 힘들어, 포기할 거야."의 결과 (예측 가능한 결과 5가지)

* "그래, 힘들지만 한 번 해 보자!"의 결과 (예측 가능한 결과 5가지)

새로운 시작

- 솔개의 선택 -

* "발톱을 뽑는 일은 너무 고통스러운 일이야."의 결과

  ⇒ 구부러진 부리와 닳은 발톱, 무거워진 날개를 가진 채 서서히 죽는다.

  결국 자신이 한 선택을 후회한다.

* "발톱을 뽑는 고통이 따르더라도 새로운 삶에 도전하는 거야."의 결과

  ⇒ 새로운 삶을 살 수 있게 된다.

  얼마 못 사는 다른 새들의 동경을 받게 된다.

  자신이 죽더라도 후회 없는 생을 살았다고 생각한다.

- 나의 선택 -

* "지금도 힘든데 더 노력하는 건 너무 힘들어, 포기할 거야."의 결과 (예측 가능한 결과 5가지)

  ⇒ 자신의 꿈을 이룰 수 없게 된다.

  대학에 가는 것이 힘들어진다.

  취업이 어려워져 백수가 된다.

  나만 실패자라는 좌절감을 경험하게 된다.

  차라리 죽고 싶어진다.

* "그래, 힘들지만 한 번 해 보자!"의 결과 (예측 가능한 결과 5가지)

⇒ 자신의 꿈에 한 발짝 다가갈 수 있다.

내신 점수를 관리할 수 있다.

대학에 갈 수 있다.

취업이 가능하다.

내가 하고 싶은 일을 하며 행복하게 살 수 있다.

노년에 여유가 생긴다.

학업성취 도전
〈무한도전!〉

참여자들이 학생이라는 점에서 자신감의 원천은 학업성취이다. 현재 상황에서 아무 것도 달라진 게 없는데 생각의 전환만으로 '무엇이든 할 수 있으니 자신감을 가져라'라는 말은 공허하게 들린다. 따라서 보다 실질적인 자신감 향상을 위해 이번 회기부터 참여자들의 관심사인 '학업성취'에 중점을 두었다. 현재 고등학생인 이들은 중학교에서 이미 배운 학습이 성취되지 않은 상태였기 때문에 어디서부터 손을 대야 할지 모르겠다는 반응을 보였다. 마음을 먹었다가도 조금 가다보면 헤매고 있는 자신을 발견하게 되고 좌절하는 것을 반복하고 있다고 했다. 지문을 읽다가 시간을 다 보내는 국어, 기초가 없는 상태에서 몇 개의 공식을 넣어 해결해야 하는 수학, 문법을 전혀 모르는 상황에서 단어를 죽어라 외운다고 향상되지 않는 영어, 물어보는 자체를 모르겠는 과학, 범위가 너무 많아 엄두가 나지 않는 역사 등 그 어느 것도 참여자들에게는 쉬운 게 없는 상황이다. 그럼에도 불구하고 시작을 해야 성취할 수 있다. 지난 회기에서 얻은 자원과 결심을 에너지 삼아 시도라도 해보는 것이 중요하다. 그러기에 힘든 길이지만 떠나보기로 했다.

(1) 선정 자료

① 「항상 갈망하라 : 지식채널 ⓔ / EBS-TV」

이 영상은 미혼모의 아들이자 입양아였던 스티브 잡스의 이야기다. 열일곱 소년이었던 시절 그는 늘 자신을 증명해보이고 싶었다. 매일 거울을 보며 '만약 오늘이 내 인생 마지막 날이라면 지금 하려는 일을 할 것인가?'를 고민한 결과 한 학기 만에 대학을 중퇴하였다. 학교를 그만둔 후 흥미가 없던 필수과목 대신 좋아하는 과목을 몰래 청강하였다. 사과농장 히피 공동체생활, 인도 히말라야 여행 등 하고 싶은 일은 무엇이든 시도하였다. 친구가 만든 회로기판을 활용해 사업을 시작했고, 그는 사람들에게 시연하고 설명하여 첫 거래로 50개의 판매 실적을 이룬다. 그는 드디어 자신이 정말 하고 싶은 일을 찾게 되었다. 그는 하고 싶은 일을 하는데 주저하지 않고 용기를 내어 시도한 결과 자신이 진정으로 원하는 일을 찾아낸 것이다. 또한 매일이 삶의 마지막 날인 것처럼 자신이 하는 일에 집중하였고 끝없이 갈망했기 때문이다. 때로는 성공하고 때로는 실패를 거듭하면서 다 잃은 바로 그 순간에도 그는 절망하지 않았다. 거의 망해가는 애플사에 11년 만에 복귀한 그가 요구한 연봉은 1달러였고, 그가 죽고 없는 이 시간에도 그의 이름은 그가 원하는 대로 그가 누구인지 증명해보이고 있다. 그는 말한다.

"중요한 건 용기를 갖는 것입니다. 이미 마음과 직관은 여러분이 원하는 것을 알고 있습니다."

이 책은 참여자들이 자신이 진정으로 원하는 것이 무엇인지를 찾고, 그 일을 위해 필요한 공부를 열정적으로 하기를 바라는 마음에서 고른 자료이다. 다른 누구의 의지도 아닌 자신의 의지로 선택한 것을 위해 용기를 내어 도전하기를 바라는 마음으로 참여자들에게 제시한 이 자료에 참여자들 또한 깊은 감명을 받았다. 특히 자신이 하고자 하는 일을 하기 위해 과감한 선택을 한 그의 용기에 박수를 보냈다.

② 「위대한 똥파리 : '당나귀는 당나귀답게' 中 / 아지즈네신 지음, 이난아 옮김 / 푸른숲」

고층 건물이 밀집되어 있는 어느 대도시의 한 주택에서 젊은 파리한 마리가 유리창 저편으로 가기 위해 안간힘을 쓰고 있었다. 끊임없이 유리창에 부딪치면서도 지치지 않고 계속해서 시도를 했다. 그는 어떻게 하면 유리창 저편의 밝은 세계로 갈 수 있을지 궁리했다. 경험과 학식이 풍부한 다른 파리들은 그에게 쓸데없는 짓 하지 말라고 진심어린 충고를 했지만 그는 멈추지 않았다. 그는 자신이 있는 저편은 환하기 때문에 희망을 버릴 수 없다고 말한다. 자신의 시도는 희망을 나타낸다는 젊은 파리의 말이 참여자들에게도 도전과 시도의 희망이 되길 바란다. 결국 파리는 유리창 저편으로 나가지 못하고 죽지만, 다른 파리들은 그를 선구자이며 희망의 상징이라 칭했다. 그의 행동이 무모한 것일지라도, 자신이 옳다고 믿고 하고자 하는 일에 최선을 다한 것을 참여자들이 하고자 하는 일에 적용하기를 바라는 마음으로 고른 자료이다. 참여자들 또한 젊은 파리의 행동을 무모하지만 본받을 점이 있다고 말했다. 열정은 용기를 만들고 용기는 도전을 이끌어낸다는 말을 참여자들의 마음에 심는 자료가 되기를 바란다.

(2) 관련 활동

① 무한도전!

이 활동은 TV 프로그램에서 제목을 따온 것이다. 끊임없이 도전거리를 찾아 시도하는 출연자들의 모습처럼, 참여자들이 자신의 삶에서 성공과 실패를 거듭하더라도 무한히 도전하기를 바라는 마음에서 구성하게 되었다. 계획이 구체적일수록 실행에 옮기기에 현실적이다. 그래서 장기와 중기, 단기목표를 설계해 보도록 했으며, 자신이 정한 목표의 실효성도 따져보았다. 참여자들이 목표를 설계하는 활동을 하면서 자신의 목표와 실천 가능한 계획인지를 따져보면서 진지하게 고민하는 모습을 보였다. 장기목표는 자신이 이루고자 하는 최종 목표이자 큰 목표에 해당한다. 참여자들이 고등학생이므로 이들에게 있어 장기목표는 자신의 직업이나 대학 진학에 관한 것이 될 수 있다. 중기목표는 장기목표를 이루는데 필요한 항목들이다. 단기목표는 장기목표와 중기목표를 이루는데 지금 당장 자신이 실행할 수 있거나 실천해야 하는 것이다. 이 활동에서 가장 중요한 것은 실천이다. 그 점을 참여자들에게 강조할 필요가 있다. 그래야 보다 현실적이고 실행 가능한 계획을 설계할 것이며 실행에 옮기기도 쉽다.

② 자성예언 만들기

참여자들이 자신이 설계한 계획을 실천하는 것은 쉽지 않을 것이다. 많은 유혹과 시련을 만나 포기하고 싶을지도 모른다. 단기목표를 계획한 대로 실천을 했는데도 중기목표에 좀처럼 도달하기 어려우면 좌절감을 맛보게 될 것이다. 그러나 중기목표는 쉽게 도달하기 어렵다는 것을 기억하며 자신을 믿으며 꾸준히 단기목표를 실천해나가는 것이 무엇보다 중요하다. 그러기 위해서는 자신을 위한 응원이 필요하다.

무한도전!

	예시	참여자 활동
장기 목표	교사	
중기 목표	1. 사범대 진학 2. 수능 잘 보기 3. 각 과목 내신 2등급 이내	
단기 실행 목표	1. 매일 30분 이상 책 읽기 2. 30~60분 학습계획표 실행 3. 복습과 예습 철저히 하기 4. 15분 운동하기 　(걷기, 스트레칭)	

자성예언 만들기

- 나의 자성 예언 -

1. 내 운명은 내가 개척한다.

2. 나는 내 미래의 계획이 뚜렷하다.

3. 나는 무엇이든 할 수 있다.

4. 나는 나 자신을 위해 노력할 수 있다.

5. 나는 집중력이 좋다.

6. 나는 끈기가 있다.

7. 나는 포기하지 않는다.

8. 나는 매사에 적극적이다.

9. 나는 내가 원하는 것을 이룰 수 있다.

10. 나는 내게 닥친 어려움을 극복할 수 있다.

11. 나는 나를 믿는다.

12. 내가 하는 일들은 대부분 나를 위한 일이다.

13. 나는 주어진 일에 최선을 다할 수 있다.

14. 내 인생은 희망으로 가득 차 있다.

15. 나는 나에게 부끄러운 일은 하지 않는다.

16. 나는 내가 자랑스럽다.

17. 나는 언제나 나를 사랑한다.

학습능력 향상 1
〈내가 공부하는 이유, 나의 학습스타일 점검〉

이제 본격적으로 도전을 실행하는 단계이다. 자신이 공부하는 이유를 다시 한 번 새기고 본격적으로 공부에 도전해보는 것이다. 한 번에 성취하는 것이 어렵다는 것을 이미 경험을 통해 배웠고, 지금까지 살면서 한 가지라도 성취해 본 경험이 있는 기억을 떠올리며 학업성취에도 도전해보기로 했다. 무조건 열심히 한다고 해서 성취할 수 있는 것이 학업이 아니다. 효율적인 방법을 배워 도전에 날개를 달아주는 것이 필요하다. 자신에게 맞는 학습스타일을 점검하여 자신에게 강점이 되는 방법이 무엇인지 방해가 되는 요소는 무엇인지를 알면 적절하게 활용할 수 있다. 참여자들은 자신의 학습스타일을 점검하면서 보다 자신감을 갖게 되었다.

(1) 선정 자료

① 「피튜니아 공부를 시작하다 / 로저 뒤봐젱 지음, 서애경 옮김 / 시공주니어」

이 책에는 맹추라고 불리는 암 거위 피튜니아가 등장한다. 피튜니아는 우연히 책을 발견하게 되고 책을 가지고 있으면 지혜로워진다는 주인아저씨의 말을 떠올린다. 피튜니아는 책을 늘 가지고 다니며 자신이 지혜로워졌다고 믿어 점점 교만해지기까지 한다. 농장의 다른 동물들도 피튜니아가 지혜로워졌다고 믿고 도움을 요청한다. 그때마다 피튜니아는 기꺼이 도와주지만 늘 사고를 치고 만다. 결정적인 사고는 폭죽 상자를 보고 사탕이라고 하는 바람에 동물들이 모두 다친 일이었다. 그 사건을 계기로 피튜니아의 교만함은 사라졌고 피튜니아는 자신의 모습을 돌라보게 된다. 그리고 한 가지 사실을 깨닫는다.

지금까지 책을 지니고 있으면서 한 번도 책을 펴보지 않았다는 사실이다. 피튜니아는 공부를 시작하기로 결심한다. 이 책을 이번 회기 자료로 선정한 이유는 책이 아무리 좋은 것이라도 그것을 펼쳐보아야 유용해진다는 것을 참여자들이 배우기를 바라는 마음에서다. 자신이 하고자 하는 일을 제대로 하려면 책을 읽고 공부를 해야 한다는 사실을 말이다.

② 「어느 독서광의 일기 : 지식채널 ⓔ / EBS-TV」

당대 뛰어난 시인으로 이름을 떨친 김득신의 이야기를 담은 영상이다. 그는 노자의 정령을 받은 아이로 태어났지만 10세에 겨우 글을 배우기 시작했고, 공부를 못하여 주위에서 비웃었지만 그의 아버지는 항상 노력하는 아들의 모습을 대견해한다. 아버지의 가르침대로 열심히 노력한 그의 공부법은 읽고 또 읽는 것이었다. 하인과 길을 가던 어느 날, 어느 집 담장 밖으로 들려오던 글소리를 듣고 고개를 갸웃거린다. 그가 하도 많이 읽어 하인도 아는 그 글을 그는 기억하지 못했다. 그 글은 바로 '사마천'의 '사기' 중에서 '백이전'에 해당하는 글이었다. '백이전'은 그가 무려 11만 3천 번을 읽은 책이었다. 친구들과 함께 시를 지을 때도 그 글귀가 자신의 것이지 어디에서 인용한 것인지를 기억하지 못했다. 수만 번 외워도 기억이 안 나는 글을 기억하기 위해 그는 특별한 기록을 한다. 만 번 이상 읽은 글만을 적은 '독수기'를 쓴 것이다. 드디어 과거에 급제하여 성균관에 입학한 때 그의 나이 59세였다. 당시에는 그 정도의 나이면 노인에 해당했으며 영감에 해당하는 벼슬을 하고 있을 나이다. 그러나 그의 공부는 과거에만 뜻을 두지 않았고 자신에게 맞는 학습법으로 공부를 한 덕분에 독창적인 시의 세계를 창조해냈으며, 누구와 견주어도 부끄럽지 않은 글을 쓰게 되었다. 노력은 등을 돌리지 않는다. 노력한 만큼 그에게 반드시 돌려주는 법이다. 그런 믿음으로 참여자들이 자신의 학업에 노력을 아끼지 않았으면 한다. 끊임없이 노력하는 그의 학문에 대한 자세를 배울 수 있다면 참여자들의 학업성취에도 도움이 될 것이다. 다른 사람은 조금만 노력해도 되는 것 같은데 자신은 그렇지 않다면 더 많은 노력을 기울여야 할 것이다. 그가 남긴 말에서 공부를 대하는 우리의 자세를 돌아볼 수 있을 것이다. "재주가 남만 못하다고 스스로 한계를 짓지 말라. 나보다 어리석고 둔한 사람도 없겠지만 결국에는 이룸이 있었다." 바로 이런 자세를 배우기를 바라는 마음에서 이 자료를 선정했다.

(2) 관련 활동

① 학습스타일 점검

학습스타일을 점검하는 자료는 다양하다. 치료사가 고른 자료는 인터넷 〈다음 블로그 학습코칭〉에서 가져온 것이다. 시각형, 청각형, 신체감각형으로 분류하여 그에 맞는 학습방법을 제시한 점이 참여자들에게 유용할 것 같아 활동자료로 선정하였다. 먼저 참여자들에게 자신의 학습스타일을 스스로 점검하도록 하였고, 자신이 어느 유형에 속하는지를 기억하도록 했다. 그런 다음 자신에게 맞는 학습방법을 찾아 읽어보도록 했으며, 그 방법 중에서 지금 당장 자신이 실천할 수 있는 항목을 찾아 실천하도록 격려했다. 참여자들은 자신에게 맞는 학습스타일을 알게 되어 유익한 시간이었다고 했다.

② 공부를 시작하다

이 활동은 참여자들이 목적의식을 갖도록 돕기 위해 계획한 활동이다. 공부를 하다보면 자신이 왜 이렇게 힘들게 공부를 하고 있는지 스스로에게 묻게 될 것이다. 만약 답을 모른다면 시련을 만났을 때

포기하는 일이 쉬워진다. 무엇을 위한 공부를 하고자 하는 것인지를
정하고 '한 발짝씩' 앞으로 나아가길 바란다.

학습스타일

번호	점검 내용	점수
1	나는 정보, 설명 토론 중심의 강의를 들을 때 어떤 주제를 가장 잘 기억할 수 있다.	
2	나는 칠판에 적어 주고 시각적인 보조물과 읽을거리를 보충자료로 제공해 주는 정보를 더 좋아한다.	
3	어떤 것을 받아 적거나 시각적 검토를 위해 메모하는 것을 좋아한다.	
4	나는 수업시간에 포스터, 모형 혹은 실제 연습, 다른 활동 등을 좋아한다.	
5	도표, 그래프 혹은 시각 지시물에 대해서는 설명을 해 주어야 한다.	
6	손으로 작업하고 만들기를 즐긴다.	
7	그래프나 차트 만들기를 좋아하며 기능도 있다.	
8	소리가 쌍으로 제시될 때 소리의 어울림을 잘 구분할 수 있다.	
9	어떤 것을 여러 번 적음으로써 가장 잘 기억할 수 있다.	
10	지도의 방향을 쉽게 이해하고 따라갈 수 있다.	
11	강의나 테이프를 들을 때 학과 공부를 가장 잘할 수 있다.	
12	주머니 속의 동전이나 열쇠를 가지고 논다.	

13	낱말을 소리 내어 반복하거나 종이 위에 써 봄으로써 철자를 더 잘 배운다.	
14	라디오에서 보도된 것을 듣는 것보다 신문에 있는 것을 읽어야 새로운 기사를 잘 이해할 수 있다.	
15	공부하면서 껌을 씹거나 담배를 피우거나 간식을 먹는다.	
16	어떤 것을 기억하는 가장 좋은 방법은 그것을 머릿속에서 그려 보는 것이라 생각한다.	
17	손가락을 한자씩 꼽으면서 말할 때 낱말의 철자를 배운다.	
18	동일한 자료라도 교재의 것을 읽는 것보다는 좋은 강의 듣는 것을 더 좋아한다.	
19	직소, 퍼즐, 미로 등을 잘 한다.	
20	학습하는 동안 손에 있는 사물을 움켜쥐곤 한다.	
21	뉴스를 신문에서 보는 것보다 라디오로 듣는 것을 더 선호한다.	
22	관심 있는 주제에 대한 정보를 읽어서 얻는 것을 더 좋아한다.	
23	다른 사람을 만지고, 포용하고 악수하는 것을 좋아한다.	
24	공부를 하면서 혼자 중얼거리는 것을 좋아하고, 책을 읽으며 입술을 움직인다.	

평가 결과표

시각형		청각형		신체 감각형	
2		1		4	
3		5		6	
7		8		9	
10		11		12	
14		13		15	
16		18		17	
19		21		20	
22		24		23	
총점		총점		총점	

* 각 번호를 찾아 해당하는 점수를 쓰고, 총점이 가장 높은 유형이 자신의 학습스타일이다.

공부를 시작하다

1. 나의 10년 후와 20년 후를 그려보기 (스케치북 활용)

2. 내가 공부하는 이유는 무엇인가?
   ⇒ 꿈을 이루기 위해
      하고 싶은 일을 할 때 방해받지 않기 위해
      미래에 영향력 있는 사람이 되기 위해
      미래의 행복을 위해

3. 나의 공부 습관 중 좋은 습관은 어떤 것이 있는가?
   ⇒ 공부할 때는 휴대폰을 만지지 않는다.
      집중력이 좋다.

4. 나의 공부 습관 중 나쁜 습관은 어떤 것이 있는가?
   ⇒ 잠이 많다.
      너무 많은 계획을 세운다.
      딴 생각을 많이 한다.

5. 내가 고등학교에 입학해서 성취해 본 것은 어떤 것이 있는가?
   ⇒ 좋은 친구를 사귄 것
      경쟁률이 높았지만 원하는 동아리에 합격한 것

6. 고등학교를 졸업하기 전에 남은 시간 동안 내가 이루고 싶은 것
   은 어떤 것이 있는가?

   ⇒ 내 꿈을 구체화하기

   　 진로관련 논문에서 상 받기

   　 열심히 공부하기

   　 친구들과 추억 만들기

   　 반에서 1등하기

7. 내가 이루고 싶은 것을 얻기 위해 취할 것과 버릴 것은 어떤 것
   이 있는가?

   ⇒ 취할 것 : 야간 자율학습, 복습

   　 버릴 것 : 잠 , 수업시간에 자는 것

자기에게 약한 학습스타일이나 학습양식을 향상시키기

1. 시각 의존형 학생은 공부할 때, 큰 소리로 낭독하면서 몸의 움직임을 덧붙이는 연습을 하는 것이 좋습니다.

2. 청각 의존형 학생은 공부할 때, 정보를 시각화할 뿐만 아니라 움직임을 덧붙이는 연습을 하는 것이 좋습니다.

3. 근 감각 의존형 학생은 정보를 마음속에 그림으로 그리고 그것을 큰 소리로 낭독하는 연습을 하는 것이 좋습니다.

* 시각 의존형 학생 특징(정보를 눈으로 볼 때 공부가 가장 잘 된다)

1. 깔끔하고, 규칙을 잘 지키고 준비성이 있다.

2. 장기적인 계획을 잘 세운다.

3. 글씨를 잘 쓰며, 낱말들을 뇌리에 떠올린다.

4. 세부적인 것을 예리하게 관찰한다.

5. 들은 것 보다는 본 것을 더 잘 기억한다.

6. 마음속에서 시각적인 영상으로 만들어진 정보를 가장 잘 기억한다.

7. 말이 빠르다.

8. 소음에도 주의가 산만해지지 않는다.

9. 말로 한 지시를 기억하는데 어려움이 있어, 다시 말해 달라고 부탁할 때가 자주 있다.

10. 누가 읽어주는 것보다는 혼자 읽는 것을 좋아하며, 책 읽는 속도가 매우 빠르다.

11. 연설하기보다는 증명하려고 한다.

12. 음악보다 미술을 더 좋아한다.

13. 무슨 말을 해야 할지 알면서도, 적절한 낱말을 생각해 내지 못한다.

14. 주의를 기울이겠다고 마음먹으면서도 고개를 딴 쪽으로 돌린다.

15. '예' 또는 '아니오'로 간단하게 대답한다.

16. 회의 때나 전화로 대화를 나눌 때, 무의미한 낙서를 끼적거린다.

17. 잊어버리고 구두 정보를 전달하지 못한다.

18. 수업이나 과제를 계속하기 전에 큰 그림을 보고, 전반적인 의도를 알아야 한다.

19. 교사의 말을 듣기 위해 쳐다보아야 한다.

* 당신이 시각형 학습자라면 - 모든 학습 자료를 반드시 바라보세요. 차트, 지도, 필름 스트리브, 메모, 비디오, 플래시카드 등을 사용하시고, 낱말과 개념을 머릿속에서 그려보는 연습을 하세요. 시각 자료를 자주 빨리 훑어보기 위해 모든 것을 적어 두세요.

* 시각 의존형 학생에게 필요한 학습 전략 - 학교는 이런 학생들에게 적합한 곳이다. 수업 시간에 정신 차려 듣고, 숙제를 다 해오고, 시험에 대비해 준비한다면, 일반적으로 학습 성과도 좋아지고 생활에도 별 문제가 없다.

1. 시각적인 신호나 연상을 이용하여 세부적인 내용을 암기한다.

2. 여러 곳에 기록을 해 두면 암기하는 데 도움이 된다.

3. 수업 내용을 필기하여, 이를 복습하고, 그런 다음 요양한다.

4. 마인드맵, 차트, 도표, 그림 등을 색깔을 구별하여 활용하면, 정보를 기억하고 핵심 내용을 파악하는 데 도움이 된다.

5. 책을 읽을 때 중요한 정보를 확인하기 위해 여러 가지 색연필을 사용한다.

6. 정보를 얻기 위해 신문, 책, 잡지 등을 읽는다. 도서관에 들린다.

7. 문서로 된 보고서를 만든다. 이런 학생은 이런 일에 능하다.

8. 정보를 마음속에 그림으로 그리면서 암기한다.

9. 낱말을 마음속으로 보면서 철자를 연습한다.

* 청각 의존형 학생 특징(정보를 들을 때 공부가 가장 잘 된다)

1. 공부하면서 혼자 중얼거리는 것을 좋아한다. 때로는 책을 읽으면서 입술을 움직인다.

2. 큰 소리로 책을 읽고, 이야기 듣는 것을 좋아한다. 뜻을 이해하기 위해서 정보를 들어야 할 때가 많다.

3. 철자를 종이에 쓰기보다 큰 소리로 말하는 것을 더 잘 한다. 눈으로는 철자가 맞았는지 모를 수도 있지만, 귀로 들을 때는 틀린 철자를 찾아낼 수 있다.

4. 정보를 기록하는 것보다 말하는 것을 더 잘한다. 훌륭한 연사가 될 수 있다.

5. 이야기를 나누고 토론하는 것을 즐긴다.

6. 들으면서 공부하고, 토론된 내용을 기억한다.

7. 소리나 말로 정보를 연상하면서 공부한다.

8. 구두로 지시 받는 것을 좋아한다.

9. 미술보다 음악을 좋아한다.

10. 소음이 들리면 쉽게 주의가 산만해진다.

11. 머릿속에 녹음테이프를 넣고 공부하는 것처럼 보인다.

12. 새로운 언어를 쉽게 배운다.

* 당신이 청각형 학습자라면

1. 동영상이나 CD 적극 활용

2. 내가 알고 있거나 익히려고 하는 것을 다른 사람에게 자주 말하기

3. 중요한 부분을 소리 내어 말하면서 익히기

4. 공부할 때 조용한 곳에서 하기

5. 발표 자주 하기

6. 해설하듯이 내용 읽기

7. 메모한 내용을 노래로 만들어 기억하기

* 근 감각 의존형(신체감각형) 학생 특징(정보를 손으로 다룰 때 공부가 가장 잘 된다)

1. 오랫동안 가만히 앉아 있지 못한다. 몸을 움직이면서 공부해야 한다.

2. 물건들을 조작하고 만들 때, 공부가 가장 잘 된다.

3. '두서는 없지만' 조직적인 기술을 갖고 있다.

4. 육체적인 벌에 잘 대응한다.

5. 느낌으로 상황을 판단하며, 감각적이고 직관적이다.

6. 주의를 얻기 위해 손으로 사람들을 만지며, 이야기할 때는 가까이 다가선다.

7. 글을 읽을 때는 손가락을 지시 막대처럼 사용한다.

8. 몸짓을 많이 한다.

9. 걷고, 말하고, 보고, 행함으로써 기억한다.

10. 말이 느리고, 행동 언어를 이용한다.

11. 글씨가 엉망이다.

12. 상황을 행동으로 옮기는 것을 좋아한다.

13. 게임과 행동에 관한 책을 좋아한다.

14. 실제 경험을 통해 공부할 때, 가장 잘한다.

15. 신체 지향적인 스타일이며, 가보지 않은 곳은 자리를 기억하지 못한다.

16. 편안하고 압박감이 적은 환경에서 공부를 더 잘한다.

17. 교사가 관심을 보이지 않는다고 생각하며, 교사가 알고 있는 것에 관심을 두지 않는다.

* 당신이 신체(근)감각형 학습자라면 – 말을 하면서 낱말을 추적해 보세요. 학습해야 할 것은 여러 번 써 보세요. 스케치용 종이를 늘 가까이에 두세요. 강의록을 늘 가지고 다니는 것이 중요합니다. 학습지를 만드시고 학습 자료를 실물이나 실제 일어난 일과 연상해 보세요. 적당한 시기에 역할극도 해 보세요.

* 근 감각 의존형 학생에게 필요한 학습 전략
1. 물건을 만지고 사용한다. 물건을 조립하고, 조작하고, 수리한다.
2. 계속 움직인다. 걸으면서 이야기하는 것이 공부하는 좋은 방법이다.
3. 도표, 마인드맵, 모형을 활용한다. 공부 도표를 만들어 정보와 세부 내용을 정리한다. 정보를 도표화할 때는 기억에 도움이 되도록 다양한 색을 활용한다.
4. 숙제를 놓치지 않으려면 공책을 활용한다.
5. 친구와 함께 공부하는 것도 좋은 생각이다. 정보를 실제로 연기하고 행동으로 옮긴다. 정보를 설명하기 위해서 많은 몸짓을 활용한다.
6. 손가락이나 코로 허공에 대고 낱말들을 쓰는 동안에 이를 바라보면서 철자를 연습한다.
7. 낱말들을 읽으면서 손으로 가리킨다. 이해에 도움을 받을 수 있다.
8. 조사, 실험, 모형 만들기, 비디오 만들기, 역할 놀이, 활동에 참여한다. 그것을 할 때 소리를 낸다.
9. 타자기, 계산기, 컴퓨터를 활용한다.
10. 자주 휴식 시간을 갖는다. 가벼운 음식을 먹으며 공부한다.

학습스타일을 점검하고 유용한 학습법을 통해 본격적으로 공부를 할 수 있다. 이제 주어진 시간을 어떻게 활용할 것인지를 구체적으로 정해 시간을 효율적으로 사용하는 것이 중요하다. 시간은 누구에게나 공평하게 부여되지만 활용하기에 따라 다르게 인식되는 것이기도 하다. 24시간을 적절하게 배분하여 최대한 유용하고 효율적으로 활용하기 위해서 학습계획표를 설계하고 이에 따라 실행해 보기로 했다. 또한 학습능력이 왜 필요한지에 대한 질문을 해보기로 했다. 학습능력 향상은 자신감을 갖게 하고 또 다른 성취를 가져오는 발전기가 된다. 무언가를 성취해 본 사람은 그 기억으로 힘든 일을 견딜 수 있기 때문이다. 무엇보다 학생으로서 학습능력이 우수하다는 것은 자신이 서 있는 자리에서 자기 책임을 다한 뿌듯한 경험이다.

(1) 선정 자료
① 「공부의 왕도 '배규비' 편 : 다큐 프라임 / EBS-TV」

다큐프라임은 한국교육방송공사의 교육기획 다큐멘터리 프로그램이었으나, 2008년 2월부터는 EBS에서 매주 월~목 오후 9시 50분에 방송되고 있다. 다양한 주제를 심도 있게 다루어 시청자에게 도움을 주는 프로그램이다. 특히 교육에 관한 주제를 다루는 방송은 찾아볼 만하다. 학생들뿐만 아니라 학부모와 교사는 물론 치료사에게도 유용한 내용으로 구성되어 있다. 이 영상을 이번 회기 선정 자료로 고른 이유는 참여자들이 끈기 있게 공부를 하거나 자신에게 맞는 방법을 찾아 본 경험이 거의 없는 점을 고려하여, 비교적 최근에 자신에게 맞는 학습법을 찾아 성공을 거둔 선배들의 이야기를 들려주기 위해서다. 그들은 다른 사람들로부터 배운 학습법을 활용해 그것을 자신에게 맞도록 바꾸어 학습법을 개발하였다. 이 영상 자료를 참고하여 참여자들이 자신에게 맞는 학습법을 찾도록 도왔다. 그러기 위해서는 영상에 등장하는 선배들의 학습법을 직접 실행해 보는 과정이 필요했다. 다음 회기까지 일주일의 시간동안 그들이 제시한 방법을 실행에 보기로 했고 일주일 후에 실행 결과를 나누었다. 계획을 설계할 때 30분 단위로 쪼개는 것보다는 1시간 단위로 쪼개는 것이 수업 시간과도 비슷해서 더 효율적이었다는 결론을 이끌어냈다. 또한 이 계획표대로 실천에 옮기려고 노력하다 보니 다른 유혹이나 갈등에 덜 흔들리게 되었으며 집중하려고 노력하게 되었다고 했다. 꾸준히 실천하다보면 보다 자신에게 맞는 학습법을 찾게 될 것이다.

② 「공부하는 난쟁이 / 앙리에뜨 비쇼니에 지음,
　　에밀리오 우르베루아가 그림, 이정주 옮김 / 주니어김영사」

더럽고 멍청하고 못된 난쟁이들이 땅속에서 숨어 살다가 지나가는 사람을 잡아 돈이나 물건을 빼앗았다. 난쟁이들은 그 돈으로 이것저것을 샀지만, 정작 그것을 활용할 줄 몰라 무용지물이다. 어느 날 학교에 가는 아이를 잡은 난쟁이들은 아이의 가방에서 책을 발견하지만 글을 읽을 줄 모르는 그들에겐 재미도 없고 쓸모도 없는 것에 불과했다. 그러나 난쟁이들에게 잡혀온 아이는 난쟁이를 두려워하지 않았고, 오히려 그들이 가진 조리기구로 맛있는 음식을 만들어 주었다. 아이는 난쟁이들에게 글을 가르쳐주었고, 그들이 가진 도구를 사용하는 법도 알려주었다. 늘 더러운 그들에게 빨래하는 법까지 알려주어 이제 그들은 더 이상 더럽거나 멍청하지 않았다. 이것이 교육의 힘이다. 참여자들이 이 책에서 교육의 힘을 발견하기를 바라는 마음으로 고른 자료이다. 참여자들은 이 책의 내용을 재미있어 했고 교육을 받은 후 달라진 난쟁이들의 모습이 인상적이라고 했다. 참여자들이 '아는 만큼 보고, 보는 만큼 꿈을 꿀 수 있다.'는 말을 기억하기를 바란다.

(2) 관련 활동

① 학습 계획표 짜기

막연하게 공부를 열심히 하겠다는 결심은 실천하기 어렵다. 작은 유혹에도 쉽게 흔들리기 쉽다. 지금 하지 않아도 이후에 시간이 있다고 생각하기 때문이다. 그러나 구체적인 계획을 설계하면 작은 시간이라도 귀하게 여겨진다. 이 시간은 이후에 다시 사용할 수 없다는 것을 잘 알고 있기 때문이다. EBS-TV 프로그램 '다큐 프라임'을 참고해 '30분 계획표'를 설계했으나, 참여자들과의 시행착오 끝에 참여자들의 시간 활용법과 맞는 계획표로 수정한 것이 '1시간 계획표'이다. 참여자들은 이 방법을 지나 회기부터 시범적으로 시행해보고 문제점을 찾아 개선하였고, 계획표를 짤 때 보다 효율적이고 유익한 시간이 되도록 주간학습계획까지 설계해보기로 했다. 참여자들이 처음에는 힘들어했지만 조금씩 익숙해져갔고, 긍정적인 면을 발견해 지속적으로 해보기로 의지를 다졌다.

학습 계획표

시간	월 일 요일		
06:00~07:00			
07:00~08:00			
08:00~09:00			
09:00~10:00	학교생활		
10:00~11:00			
11:00~12:00			
12:00~13:00			
13:00~14:00			
14:00~15:00			
15:00~16;00			
16:00~17:00			
17:00~18:00			
18:00~19:00			
19:00~20:00			
20:00~21:00			
21:00~22:00			
22:00~23:00			
23:00~24:00			
총 공부 시간	수업 중에 집중한 시간		쉬는 시간 활용도

주간 학습 계획표

요일	할 일	예상 시간	우선 순위	소요 시간	점검	걸림 돌
월						
화						
수						
목						
금						
토						
일						

진로
〈나의 가치관 검사, 나의 직업 카드〉

참여자들이 고등학생이라는 점을 감안하여 그들에게 또 하나의 관심사인 '진로'에 대한 이야기를 해보기로 했다. 역시 다른 회기보다 관심을 보였고 할 얘기도 많은 회기였다. 대부분의 참여자들은 자기가 무엇을 할지에 대한 막연한 생각만 있을 뿐 구체적인 계획이 없었다. 자신의 성적으로 갈 수 있는 대학이 과연 있을지에 대한 걱정과 고등학교를 졸업한 후에 알바를 하면서 돈을 모아 장사를 하는게 공부보다 낫겠다는 생각, 부모님과 뜻이 달라 고민 중인 것이 그 이유였다. 자신이 무엇을 중요하게 생각하는지에 대한 고민을 해 본 적이 없는 참여자들은 돈이 중요한 것 같다고 했다. 참여자들이 이번 회기를 통해 자신의 가치관을 점검하고 자신이 원하는 직업에 대한 정보를 찾아보고 자신에게 무엇이 더 필요한지에 대해 생각해보는 기회를 주고자 했다.

(1) 선정 자료

① 「쓸데없는 공부 : 지식채널 ⓔ / EBS-TV」

이 영상은 다른 사람들이 쓸데없는 공부라고 하는 것들이 결국 많은 이들에게 도움을 주는 것을 보여준다. 세상에 쓸데없는 공부란 없다는 것을 보여준다. 자신이 즐거워서 하는 일이 자신에게는 물론 다른 이들에게도 유익한 일이 될 수 있다는 것은 뿌듯한 일이다.

남들이 권하는 파슬리 대신 땅콩을 심어 각종 생필품을 제공한 땅콩박사 조지 워싱턴 카버, 공룡 화석을 연구하여 많은 이들에게 티라노사우루스를 만나게 해준 공룡박사 바넘 브라운, 구름을 연구해 구름에게 이름을 붙여준 기상학자 루크 하워드, 지렁이를 연구하여 유익한 벌레임을 증명한 생물학자 찰스 다윈, 아무도 알아주지 않았지만 자신이 좋아하는 일이었기에 기꺼이 시간과 돈을 투자해 결국 개인의 이름으로 세계 최초의 인공위성을 만든 청년 송호준. 이들의 공통점은 모두 다른 이들이 보기에는 쓸데없는 짓을 하는 사람들이다. 그러나 그들은 자신을 뜨겁게 한 꿈이 있었고 그것을 이루어냈다.

참여자들이 이 영상을 통해 지금 자신이 하고자 하는 그 일이 실패해도 후회하지 않을 만큼의 절실함이 있는 일인지를 따져보는 시간이 되기를 바랐다. 만약 절실한 일이라면 그 일을 스스로 귀하게 여기고 그것을 위해 주저하지 말고 기꺼이 시간을 투자할 용기를 얻기를 바랐다.

② 「행복한 청소부 / 모니카 페트 지음, 안토니 보라틴스키 그림, 김경연 옮김 / 풀빛」

많이 알려진 책이다. 좋은 책으로 선정되어 도서관이나 서점에서 오래 전부터 자리를 차지하고 있는 책이지만, 참여자들은 이 책을 만난 적이 없다고 했다. 직업을 고르는 기준, 사명감, 직업 만족도에 대한 이야기를 나누기에 좋은 책이라고 생각한 이유는 이 책에 등장하는 청소부 때문이었다.

도로 표지판을 닦는 청소부는 자신의 일에 만족하며 늘 행복한 표정으로 할 일을 하고 있다. 자신의 일을 귀하게 여기며 임하기 때문에 그가 닦는 표지판은 늘 깨끗하다. 어느 날 그는 도로 표지판에 대한 꼬마와 엄마의 이야기를 듣고 자신이 한 번도 그것에 대해 알려고 하지 않았다는 것을 깨달았다. 그는 결심한다. 그 거리 표지판에 쓰여 있는 작가와 음악가들에 대해 공부하기로 말이다. 이제 표지판을 닦으면서 그 거리 이름인 작가와 음악가들에 대해 이야기를 할 수 있게 되었다. 그의 이야기를 들으려고 사람들이 몰려들었고, 그는 그들에게 그 거리의 작가와 음악가에 관한 이야기를 들려주게 된다. 어느 대학에서 교수로 와 줄 것을 부탁했지만 그는 거절한다. 자신에게 맞는 일은 청소이며, 그 일을 하면서 충분히 행복했기 때문이다.

이 이야기를 통해 참여자들이 직업에 대한 선입견을 버리고 무엇보다 타인의 시선이 아닌 자신을 행복하게 하는 일을 찾기를 바랐다. 또한 자신이 하는 일에 사명감을 보탤 만큼 가슴 뛰게 하는 일을 찾기를 바라는 마음으로 고른 책이다.

(2) 관련 활동

① 가치관 경매

가치관은 진로를 정하는데 매우 중요하게 작용한다. 세상에 수많은 길이 있는데, 그 중에 한 사람이 갈 수 있는 길은 겨우 한두 개에 불과하다. 갈림길에서 길을 선택하는 기준은 바로 '가치관'이다. 그 사람이 어디에 가치를 두고 있는지에 따라 다른 결정을 하게 된다. 혹 길을 선택할 때 가치를 따지지 않았다고 하더라도, 결국 자신의 가치와 상충하게 되면 그 길에서 빠져나와 다른 길을 찾게 된다. 이 활동을 통해 참여자들이 자신이 중요하게 생각하는 가치를 찾아 그 것을 바탕으로 자신의 진로를 설계할 수 있도록 도울 수 있다.

이 활동은 참여자들의 가치관 점검은 물론 성향도 엿볼 수 있다. 참여자들 중에는 계획 없이 경매에 참여했다가 나중에 자신이 얻고자 하는 가치를 놓치게 되는 경우도 있다. 자신의 이런 성향을 확인한 참여자는 앞으로 어떤 일에 참여할 때 미리 계획을 세우고 신중하게 행동하는 것이 필요하다는 것을 배우는 기회가 되기도 한다. 경매 참여 전에 자신이 막연하게 중요하다고 생각했던 가치가 얼마나 절실했는지도 확인할 수 있다. 경매 참여 후에 자신이 생각했던 결과와 다른 결과가 나올 수도 있다. 그렇다면 그 요인을 점검해 보아야 한다. 그 요인 중 하나는 자신이 생각하는 가치와 부모님이 생각하는 가치가 다른 경우이다. 자신의 가치와 부모님의 가치 중 어느 것이 더 중요한지는 참여자 자신의 몫이다.

② 나의 직업 카드

자신이 원하는 직업에 대한 구체적인 정보를 찾아보고 자신이 준비해야 할 것을 알아본 후에 하나씩 채워가기로 했다. 직업에 대한 구체적인 정보를 얻기 위해서 인터넷 사이트 '워크넷'이나 '커리어넷'을 참고하면 도움이 된다. 직업을 위해 요구되는 성격이나 능력, 보수 등을 알 수 있다. 직업 사전을 구성할 때 자신의 성격, 가치관, 자원, 흥미 등을 포함시킬 수 있다. 그 밖에 더 필요한 부분까지 포함해 지속적으로 점검하면서 채워가도록 격려할 수 있다.

이 자료는 『행복한 학교를 위한 학교집단상담의 실제 / 천성문 외 공저 / 학지사』를 참고하여 만들었음을 밝힌다.

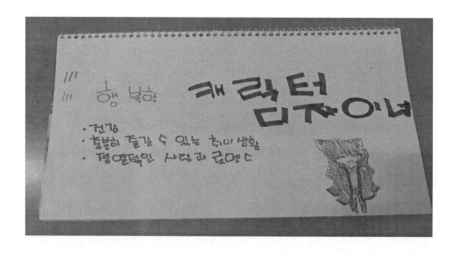

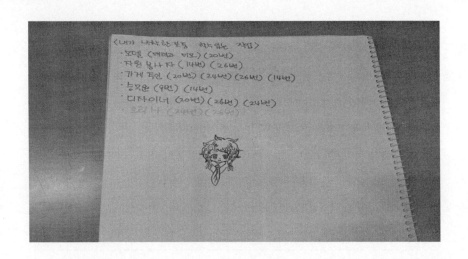

가치관 경매

	가치관 목록	가치 선택 유무	낙찰 항목	나의 최고 낙찰 금액
1	자율성			
2	자신감			
3	성실			
4	순발력			
5	폭넓은 독서			
6	지식			
7	정서적 안정			
8	건강			
9	매력과 미모			
10	유머와 재치			
11	취미			
12	예술적 재능			
13	카리스마			
14	공감능력			
15	종교			
16	올바른 신념			
17	사회적 명성			
18	직업			
19	권력			
20	경제적 안정			

21	우정			
22	정의감			
23	넓은 인간관계			
24	가족			
25	사랑			
26	결혼			
27	추진력			
28	책임감			
29	봉사			
30	애국심			

나의 직업 카드

* 관심 직업 :

* 나의 직업 흥미 유형 :

* 직업에 대한 특징 :

* 요구되는 능력 :

* 요구되는 성격 :

* 관련 직업 :

* 관련 학과 :

* 급여 수준 :

* 내게 더 필요한 부분 :

* 필요한 부분을 채울 방법 :

자신감 충전
〈자서전 쓰기〉

이번 회기는 이 프로그램을 종결하는 단계로서 지금까지 진행한 프로그램을 평가하고 마무리한다. 참여자들이 그동안 세부목표를 얼마나 성취했는지에 대한 점검을 통해, 이 프로그램에 참여하면서 무엇을 경험했는지를 전체적으로 살펴보는 것이다. 이 단계는 참여자들에게는 최종적으로 자신을 돌아볼 수 있는 기회가 되며, 나아가 앞으로 자신이 채워야 할 것이 무엇인지에 대한 과제를 제시한다. 치료사에게는 자신이 설계한 프로그램의 효과, 장기목표를 이루기 위한 세부목표의 효율성 등을 따져보고, 차후 프로그램에 반영할 수 있는 기회가 되는 등 성장을 위한 평가의 시간이기도 하다.

참여자들이 자신이 지금까지 성취한 세부목표를 지속적으로 훈련하여 강화할 수 있도록 의지를 다지는 시간을 갖고자 했다. 그러기 위해서 참여자들에게 가장 필요한 것이 자신을 믿고 꿋꿋하게 앞으로 나아가도록 돕는 힘이라는 생각에서 계획한 회기이다.

(1) 선정 자료

① 「나를 키우는 자서전 : 배움너머 / EBS-TV」

자서전을 쓰는 활동을 돕기 위해 고른 영상 자료이다. 자서전은 위인만 쓴다는 고정관념을 버리고 누구나 쓸 수 있는 자기 삶의 기록이라는 것을 보여준다.

미국 대공황의 소용돌이 속에서 유년기를 보낸 한 남자의 이야기, 잘 알려지지 않은 남자의 소소한 일상을 담은 자서전에는 어떤 성공담도 없다. 자서전에는 성공담을 적는 게 아니다. 자신의 인생을 솔직하게 담아내는 것이다. 그러기에 누구나 쓸 수 있다는 것을 잘 보여주는 자료이다.

② 「우체부 슈발 / 오카야 코지 지음, 야마네 히데노부 그림, 김창원 옮김 / 진선출판사」

이 책은 추상적이고 막연한 것보다 실질적인 것을 선호하는 청소년들이 좋아하는 자료이다. 이 책의 주인공인 '페르디낭 슈발'이 실존했던 인물이기 때문에 청소년들에게는 그와 그가 어렵게 이룬 것들이 현실적으로 인식된다. 배운 것도 없고 돈도 없고 건축에 대한 지식은 더욱 없는 주인공이 약 40년에 걸쳐 만들어낸 건축물은 기적에 가까운 작품이다. 주변인들의 비웃음을 당하면서도 자신의 꿈을 포기하지 않고 이루어낸 주인공의 모습에서, 누구든지 동기와 의지만 있으면 이룰 수 있다는 것을 배우기를 바라는 마음에서 고른 자료이다. 참여자들은 그가 이루어낸 건물에 관심을 보였고 그가 처음부터 대단한 인물이 아니었다는 것에 놀랐다. 이 놀라운 이야기가 참여자들이 자신의 꿈을 실현하기까지 흔들리지 않고 꿋꿋하게 버텨나가는 치료서가 되고, 당나귀를 팔러가는 부자처럼 자신의 생각보다 다른 사람의 말에 귀를 기울이는 사람이 되지 않기를 바란다. 슈발이 자신의 꿈을 이루게 된 가장 큰 이유는 아마도 자신이 할 수 있다는 믿음과 그 꿈에 대한 절실함이었을 것이다. 참여자들 또한 그런 꿈을 갖고 싶어 했다.

(2) 관련 활동
① 자서전 쓰기
자신의 과거와 현재가 낳을 미래를 예측해봄으로써 보다 충실한 현재의 시간을 보낼 수 있으리란 기대로 이 활동을 계획했다. '자서전 쓰기' 활동을 할 때 참여자들은 어떻게 써야할지 어려워할 수도 있다. 이때 치료사가 참여자들의 이런 어려움을 덜어주기 위해 일정한 틀을 제공해줄 수 있다. 그러나 이 프로그램에 참여하는 학생들은 글쓰기에 대한 부담감이 적어 각자 형식을 정해 글을 쓰도록 했다. 자유로운 분위기에서 자신을 진지하게 돌아보고 미래에 대한 전망을 하는 동안 자신이 채워야 할 것들을 떠올려보았다. 지금 이 순간에 헛되이 보낸 시간이 자신의 미래의 한 부분이 될 것이기 때문이다. 이 활동을 하면서 참여자들은 자신에게도 소중한 날들이 있었으며, 그 시간 속에는 자신을 따뜻하게 안아주고 지지해준 사람들이 있었다는 것을 깨달았다. 소중하게 기억되는 과거의 시간은 현재의 시간 역시 소중하게 여기도록 해준다.

〈참여자 활동예시 10-1〉

○○고등학교 1학년 ○○○

　나는 1998년 4월 22일 둘째로 태어났다. 부모님은 영화를 누리며 살라는 뜻으로 '서영'이라는 이름을 지어주셨다. 내가 어렸을 때부터 부모님이 맞벌이를 하셔서 혼자 지내는 시간이 많았지만, 활발한 성격 덕분에 남자 친구들과 축구를 하기도 하고 놀이터에서 해가 질 때까지 놀 때가 많았다. 예나 지금이나 친구들과 지내는 시간이 가장 즐겁다.

　우리 가족은 가족들과의 관계가 특별해 가족과 함께 보내는 시간을 중요하게 여긴다. 바쁜 와중에도 서로에게 좋은 여향을 주려고 노력한다. 그 중에서도 나는 할머니의 영향을 많이 받았다. 한글부터 줄넘기, 바둑, 뜨개질 등 심지어 피아노까지 내가 지금 할 수 있는 것들의 대부분은 할머니께 배웠다. 지금도 할머니와 자주 시간을 보내고 있고, 여전히 할머니는 내게 좋은 영향을 주시는 분이다.

　나는 지금 일반 고등학교에 다니고 있지만 미래에는 여러 나라를 돌아다니는 직업을 갖고 싶다. 특히 환경에 관련한 일에 관심이 있다. 사람들이 보다 환경에 대한 관심을 갖고 깨끗한 환경에서 살 수 있도록 돕고 싶다. 나는 가진 것이 많지 않아도 다른 이들과 함께 나누는 삶을 살 것이다. 지금처럼 미래에도 행복하게 살고 싶다.

○○고등학교 1학년 ○○○

　나는 1998년 4월 14일 17ㅣ 44분에 평범한 가정의 1남 2녀 중 막내로 태어났다. 폐렴에 걸려 오래 입원해 있을 정도로 몸이 약하게 태어났다. 공무원인 엄마와 보험설계사인 아빠가 너무 바빠서 처음에는 할머니께 나중에는 큰고모 댁에 맡겨졌다. 다행히 나는 따뜻한 보살핌을 받으며 자랐지만 어쩌다 만나는 엄마를 알아보지 못했다. 그것 때문에 엄마는 많이 우셨다고 한다. 어렸을 때부터 영어를 잘 해서 엄마는 내가 천재인 줄 알았다고 했다. 엄마 덕분에 나는 다양한 경험을 했고 그것이 지금의 내게 좋은 영향을 미치고 있다. 나의 곁에는 나를 사랑하고 내가 사랑하는 많은 삶들이 있다. 그들은 내게 큰 힘이 된다.

　지금 나는 평범한 고등학생이지만 성장하는 중이고 무언가를 찾아가고 있다. 더 성장해서 멋진 사람이 되면 나의 진짜 자서전을 쓰고 싶다.

프로그램 참여 소감문

	2014년 월 일	이름	
참여하기 전			
참여한 후			
전체 소감			

〈참여자 활동예시 10-2〉

프로그램 참여 소감문

	2014년 **6**월 **17**일	이름	이
참여하기 전	책만 읽고 심리에 관한것과 내가치관에 대해서는 하나도 안 하는 줄 알고, 시간을 때우려는 생각으로 참여했다		
참여한 후	내생각과, 가치관, 미래, 심리등 나를 돌아 볼수 있는 시간이 많았고, 친구들과도 더 친해졌다. 나의 대해서 많이 느낀 것 같아서 좋다		
전체 소감	끝나는게 너무 아쉬울 만큼 재미있었고 '힐링캠프'라는 이름 만큼 힐링이 되었고, 또 기회가 된다면 꼭 다시 참여하고싶다		

프로그램 참여 소감문

2014년 6월 17일	이름	구
참여하기 전		고등학교에 대한 부담감에 힘들었던 학기초에 '힐링캠프'라는 프로그램에 참여해보고 싶었다. 조그만한 기대와 적응을 하기 위함이었다.
참여한 후		매 시간 자유로운 분위기에서 나의 생각을 자유롭게 말하며 즐기고 정말 힐링이 되는, 나의 정체성을 찾기 위한 도전이었는데 정말 만족스럽다.
전체 소감		나라는 존재에 대해 조금이나마 알 수 있었고, 이젠 내가 알게 된 나를 위해 즐기면서 살고 싶다. 감사합니다 고생하셨어요 쌤들

청소년의 자기성장을 돕기 위한
독서치료 프로그램

1. 프로그램의 필요성

태어날 때부터 장애가 없거나 과정상 특별한 어려움이 발생하지 않는 이상, 사람은 일정기간 발달과 성장을 한다. 그런데 그 속도는 개개인마다 달라서 빠른 시기 내에 완료하는 사람이 있고, 오랜 시기에 걸쳐 서서히 하는 사람도 있다. 하지만 공통점이라면 그것이 완료가 되거나 멈추는 시점이 모든 사람에게 찾아온다는 것이다. 특히 신체적 성장은 성인기 초기가 되면 자신의 의지와는 상관없이 대부분 멈추게 된다. 그에 반해 정서 발달이나 도덕 발달의 경우는 각 개인의 노력에 따라 일생을 두고 성장을 시킬 수 있는 측면이다. 다시 말해 전자는 한 사람의 의지로 바꾸거나 키울 수 없는 부분이지만, 후자는 본인의 노력과 의지로 얼마든지 발전시킬 수 있는 측면인 셈이다.

하지만 발달이나 성장의 원리에 있어 중요한 점은 부모로부터의 양육 환경이 중요하다는 점이다. 왜냐하면 발달 및 성장 초기는 스스로의 힘으로 살아갈 수 없는 시점이다. 그러므로 어떤 부모를 만나 어떤 가정환경을 제공받느냐에 따라, 더불어 어떤 양육을 받느냐에 따라 발달과 성장의 결과도 확연히 달라질 수밖에 없다.

그 가운데 청소년기는 자아정체감을 확립해야 한다는 발달과업을 갖고 있다. 즉, '내가 누구인가?'라는 질문에 대한 답을 명쾌하게 내릴 수 있도록 여러 부분을 채워야 하는 시기이다. 하지만 우리 주변에는 스스로의 힘도 부족하고 주변의 자원도 열악한 청소년들이 더 많다.

때문에 우울감을 갖고 있으며 자아존중감 또한 낮고, 관계능력과 학업 등, 그 시기에 무리 없이 해내야 하는 많은 일들에서 소외되어 있거나 제 힘을 발휘하지 못하는 상황에 처해 있다.

따라서 본 프로그램은 문학작품을 매개로 상호작용을 통한 도움을 꾀하는 독서치료적 접근을 통해, 청소년들 스스로가 자신을 성장시킬 수 있도록 돕기 위한 목표를 갖고 있다. 참여 학생들이 갖고 있는 특징과 어려움이 모두 다르기에 쉽지 않겠지만, 새로운 만남의 경험은 그들에게도 자극제가 되어 줄 것이다.

한 사람이 사회에 무리 없이 적응해 살아가기 위해서는 많은 것이 필요하다. 그러나 많은 능력을 혼자만의 힘으로 갖추기에는 무리가 있기 때문에, 가정과 사회가 적절한 도움을 주면 훨씬 수월한 것이 사실이다. 본 프로그램도 참여 학생들의 발달에 기여를 할 수 있었으면 하는 바람이다.

2. 프로그램의 구성

본 프로그램은 경기도 성남시에 있는 금융고등학교 학생들을 대상으로, 2014년 4월부터 7월까지 총 10회에 걸쳐 운영되었다. 1세션 당 시간은 1시간 40분이며, 참여자는 2학년 학생 9명이다. 참여자는 학교에서 미리 선정을 한 상태였는데, 학교폭력 피해 학생에서부터 우울 증상이 심한 학생, 집중력이 부족하고 산만해서 학습능력이 부족한 학생, 책임감이 부족하고 전반적으로 불성실하다는 평가를 받고 있는 학생 등 다양했다. 따라서 여러 측면의 어려움이 섞여 있는 바, 종합목표를 '자기성장'으로 정했으며, 세부목표는 현재의 나에 대한 점검을 통해 보다 나은 미래의 나를 만들 수 있도록 돕는데 초점을 두었다. 참여 학생들의 성별의 구성은 남학생이 6명, 여학생이 3명이었다.

이어서 목표 달성을 위해 선정한 자료들의 대부분은 시이다. 참여 학생들을 위해 주로 시를 고른 이유는, 우선 많은 분량의 책을 읽어 오는 부담을 줄이기 위함이었다. 또한 세션 당 프로그램 시간이 길지 않아 빠른 시간 내에 읽고 효과적으로 작업을 하기 위한 목적도 담겨 있다. 따라서 청소년들이 직접 쓴 시와 청소년 시로 분류가 되는 작품 「난 빨강」과 「그래도 괜찮아」를 위주로 선정을 하였다. 더불어 활동 역시 한 가지를 중심으로 실시하고, 그 결과를 바탕으로 상호작용을 나누는데 초점을 두었다. 이와 같은 목적으로 구성된 프로그램의 세부계획은 〈표 3-1〉에 제시되어 있다.

〈표 3-1〉 청소년의 자기성장을 돕기 위한 독서치료 프로그램

세션	세부목표	선정 자료	관련 활동
1	프로그램 소개, 마음 열기	시 : 지나가는 사람	집단 서약서 작성, 자기소개 나누기
2	현재 내 모습 점검	시 : 내 나이 열아홉	신체 본뜨기에 표현한 나
3	현재의 나를 만든 과거	시 : 나만의 5대 뉴스	모방 시 쓰기
4	내가 살고 싶은 미래	시 : 나도 새로운 곳을 향해 달릴 수 있을까?	하고 싶은 것, 할 수 있는 것, 해야 하는 것
5	생각 바꾸기	시 : 오래된 건망증	과거의 뇌구조, 미래를 위한 뇌구조
6	마음 다지기	도서 : 마음의 집	마음의 집 설계하기
7	행동으로 옮기기	시 : 졸업 후 도서 : 고래를 보고 싶 다면	행동 강령 세우기
8	책임 의식 기르기	시 : 엑스레이 사진을 보며	책임감 진단 검사, 책임 충실도 점검
9	주변 자원 구축하기	시 : 의자 다리가 준 말씀	주변 자원 마인드맵
10	달라진 나 점검하기	시 : 겨울나무	참여 소감 나누기, 덕담 종이 작성

3. 프로그램의 실제

청소년의 자기성장을 돕기 위한 독서치료 프로그램

<table>
<tr><td>제1회</td><td>프로그램 소개, 마음 열기
〈집단 서약서 작성, 자기소개 나누기〉</td></tr>
</table>

'천리 길도 한 걸음부터'라고 했다. 이 속담은 누가 무슨 일을 하든 똑같이 적용이 되는 명제이지만, 한 걸음의 의미는 저마다 다를 수 있다. 그런데 필자는 자신을 알고 변화시키기 위한 걸음이야말로 가장 가치가 있다고 생각한다. 따라서 집단 독서치료 프로그램에 참여한 사람들의 걸음은 그 누구의 것보다 위대할 수 있다.

그런데 '구슬이 서 말이어도 꿰어야 보배'라고도 했다. 이 속담을 집단 프로그램에서의 만남과 연결 지어 보자면, 아무리 변화를 꾀하려는 마음이 많아도 그것을 털어놓고 함께 이야기 나누며 하나씩 해결해 나가면서 자신의 진면목을 찾으려 하지 않는다면 소용이 없다는 뜻으로 풀이할 수 있다. 결국 한 걸음을 내딛어 천리까지 갈 수 있느냐, 서 말이나 있는 구슬을 꿰어 보배로 만들 수 있느냐는 자신의 선택과 실천에 달려 있다.

하지만 참여자들이 기꺼이 마음을 열고 자신의 이야기를 털어놓을 수 있으려면 집단의 분위기가 매우 중요하다. 때문에 치료사는 편안하면서도 자연스러운 분위기를 통해 참여자들에게 안락함을 제공하는 것은 물론, 이야기를 통해 도움을 받을 수 있다는 믿음을 주고자 노력을 한다. 따라서 집단 치료의 성패는 첫 세션에 결정이 나는 것이라 말 할 수도 있다. 전통적으로 첫 세션에는 소개를 나누고 집단에 참여하기 위한 규칙을 나눈 뒤 서약서를 작성한다. 이 작업은 집단 참여에 필요한 신뢰감과 친밀감을 높여 결국 참여 의지 또한 높게 만드는 효과가 있다. 따라서 늘 하는 작업이지만 최선을 다해 진행할 필요가 있다. 물론 이때 적정 자료를 통한 도움을 받을 수 있고, 서약서 작성 이전에 긴장된 분위기를 풀 수 있는 활동을 먼저 할 수도 있다. 다음은 1세션을 위해 선정한 자료와 관련 활동에 대한 소개이다.

(1) 선정 자료

① 「지나가는 사람 : 시집 '난 빨강' 中 / 박성우 지음 / 창비」

비록 8회 만에 종영이 되기는 했지만, KBS-2TV에서는 같은 책을 읽고 서로 다른 생각을 나누기 위한 목적의 프로그램 「달빛 프린스」를 방영한 적이 있다(2013년 1월 22일 화-2013년 3월 12일 화, 총 8회 방영). 제1회를 위해 선정한 도서 「난 빨강」은 2013년 2월 26일 화요일 프로그램의 주 도서였는데, 청소년들이 겪고 있는 일상과 그로부터 비롯되는 심리를 잘 다루었다는 평가를 받고 있다. 그 중 '지나가는 사람'이라는 시는 부모의 이혼으로 인해 새엄마와 살고 있는 청소년의 심리를 잘 드러내고 있다. 비록 지금은 새엄마와 살고 있지만, 언젠가는 반드시 진짜 엄마와 살겠다는 마음을 다시는 볼 일 없을 것 같은 지나가는 사람에게 털어놓는다는 구조는, 갖고 있는 고민을 잘 드러내지 않는 청소년들의 마음을 잘 반영하고 있다. 따라서 본 프로그램에 참여하는 청소년들에게도 치료사는 지나가는 사람일 뿐이니 본인의 심리적 고충을 털어놓았으면 좋겠다는 바람으로 선정을 한 것이다. 시의 전문은 〈참여자 활동자료 1-1〉에 제시했다.

(2) 관련 활동

① 집단 서약서 작성

본 활동에 대한 설명은 『청소년을 위한 독서치료 1』을 참고하시라.

② 자기소개 나누기

본 활동에 대한 설명도 『청소년을 위한 독서치료 1』을 참고하시라.

지나가는 사람

박성우

집에 가는 버스를 놓쳤다
다음 버스는 두 시간 뒤에나 온다

차가 지나가길래 손을 들었다
방향이 같다며
어떤 아저씨가 흔쾌히 태워주었다
한눈에 척 봐도 참 좋은 사람 같다

아저씨는 내 말도 잘 들어주고
별거 아닌 얘기도 재밌게 했다
이 얘기 저 얘길 하다 보니 말이 잘 통했다
나는 엄마 얘기를 꺼냈다
지금은 새엄마랑 아빠랑 살지만
엄마가 있는 대전으로
고등학교를 갈 거라고 말했다
그래서 진짜 엄마랑 살 거라고

아저씨는 좀 놀라는 눈치였다 그러더니
엄마는 아직 혼자 사시냐고 물어왔다
아들 딸린 남자와 재혼해서

아이도 하나 낳았다고, 나는 대답했다
그럼, 새엄마나 아빠가 싫으냐?
새엄마도 아빠도 잘 대해주시지만
좋진 않다고, 나는 솔직히 말했다

아저씨는 그냥 지나가는 사람이니까
나를 다시 볼 일이 없는 사람이니까,

꼭 비밀로 하고 싶었던 말들을 아저씨한테 다 했다

『난 빨강 / 박성우 지음 / 창비』

현재 내 모습 점검
〈신체 본뜨기에 표현한 나〉

　사람들이 거울을 보는 이유는 다양하다. 하지만 가장 큰 이유는 자신의 겉모습을 현 시점에서 점검하기 위함이다. 즉 거울을 보며 헝클어진 머리카락을 정리하고, 화장을 고치기도 하며, 옷매무새를 다듬기 위한 목적이다. 그렇다면 사람들은 거울을 보며 무슨 생각을 할까? 그곳에 비치는 모습이 진정한 자신이라는 생각을 할까? 거울은 항상 내가 원하는 모습을 진솔하게 보여줄까? 먼저 다음의 시를 읽어보자.

거 울

이 상

거울속에는소리가없소
저렇게까지조용한세상은참없을것이오

거울속에도내게귀가있소
내말을못알아듣는딱한귀가두개가있소

거울속의나는왼손잡이오
내악수(握手)를받을줄모르는-악수(握手)를모르는왼손잡이오

거울때문에나는거울속의나를만져보지를못하는구료마는
거울이아니었던들내가어찌거울속의나를만나보기라도했겠소

나는지금(至今)거울을안가졌소마는거울속에는늘거울속의내가있소
잘은모르지만외로된사업(事業)에골몰할게요

거울속의나는참나와는반대(反對)요마는
또꽤닮았소
나는거울속의나를근심하고진찰(診察)할수없으니퍽섭섭하오

『이상시 작품론 / 이상문학회편 / 역락』

위 시는 자아 분열의 양상과 현대인의 불안 심리를 다루었다는 이상의 '거울'이다. 여기서 거울 속의 나는 '내면적인 자아'이자 '본질적인 자아', '이상적인 자아'라고 한다. 반대로 거울 밖의 나는 '일상적이면서 현실적인 자아'이자 '무능력한 자신'의 모습으로 해석된다. 즉 거울 밖에서 살아가고 있는 나는 무능하기 그지없는 지극히 현실적인 나이기 때문에, 거울을 통해 내가 원하는 모습을 보고자 하는 나르시시즘이 포함되어 있다는 것이다. 그렇기 때문에 본질적인 자아를 보려고 하지만 정작 거울을 통해서는 내면을 볼 수 없듯이 이상적인 자아만을 좇는다는 것이다. 마치 거울을 보며 짙은 화장을 하며 자신을 꾸미고, 그 모습에 만족을 하듯이.

2세션을 소개하기 위해 약간 어렵게 느껴지기도 하는 이 시를 인용한 것은, 거울이 갖고 있는 이중적인 느낌과 다양한 의미 때문이다. 고대 사회에서의 거울은 '모습을 비춰보는' 외에 '신령을 불러들이는 주력(呪力)을 지닌 기물'로 사용되었다고 한다. 왜냐하면 거울은 무당들이 사용하던 무구(巫具, 칼·방울·거울) 가운데 하나였기 때문이다. 무당들은 거울을 통해 집을 나간 사람의 행방을 점치거나 잃어버린 물건을 찾았다고 한다. 1990년도에 제작되어 KBS-TV를 통해 방영되던 만화 「영심이 / 배금택 원작」에도 거울이 신비한 능력을 발휘하는 소재로 등장한 적이 있다. 그 내용은 자신의 미래 남편이 궁금한 영심이는 학교 친구들이 알려 준대로 자정에 화장실에서 소복을 입고 머리를 풀어헤친 채 입에는 칼을 물고 거울을 들여다본다. 그렇게 하면 거울 속에 미래의 남편 모습이 비친다고 했기 때문인데, 그곳에 자신을 졸졸 쫓아다니던 경태가 보이자 기절을 해버린다.

이어서 거울은 '권력이나 재력을 표상하는 보물'로 사용된 경우도 적지 않았는데, 이는 거울을 만드는 것이 어려웠고 고가였기 때문에 그만한 신분이 아니면 지닐 수 없는 물건이었기 때문이다.

마지막으로 심리학에서의 거울은 '또 다른 자아'라는 의미를 갖고 있다. 이는 이상의 시에 담긴 의미와 비슷한데, 어떤 것을 볼 것인가는 스스로의 선택에 달려 있다. 다음은 로버트 치알디니가 쓴 「설득의 심리학 / 황혜숙 옮김 / 21세기북스」에 나오는 구절이다.

"거울아, 거울아, 세상에서 가장 설득력 있는 물건이 뭔 줄 아니? 그건 바로 너, 거울이란다."

(1) 선정 자료

① 「내 나이 열아홉 : 시집 '내일도 담임은 울 삘이다' 中 /
김상희·장윤혜·조혜숙 엮음 / 휴머니스트」

두 번째 세션을 위해 선정한 자료는 시 '내 나이 열아홉'이다. 이 시는 고등학생 박준석 군이 쓴 것으로, 다른 사람들의 생각과는 달리 자신에게 있어 열아홉은 짐이 하나하나 늘어나는 나이이다. 여기서 다른 사람들이 부여한 의미 '꽃다운 나이'는 이상적인 모습일 것이며, 박준석 군 스스로가 부여한 의미 '최고로 고민이 많은 나이'는 현실적인 모습일 것이다. 따라서 참여 학생들의 현실적인 모습과 더불어 내면에 자리하고 있을 이상적인 모습도 점검을 해보기 위한 목적으로 이 시를 선정했다. 참여 학생들은 자신과 비슷한 처지에 놓여 있는 시인에게 동일시를 할 것이다. 시의 전문은 〈참여자 활동자료 2-1〉에 제시했다.

(2) 관련 활동

① 신체 본뜨기에 표현한 나

본 활동에 대한 설명은 『책과 함께하는 마음 놀이터 1-4』를 참고하시라.

내 나이 열아홉

박준석

내 나이 열아홉
꿈이 많은 나이
공부를 하면 대학을 가고
대학을 가면 취업을 해야 하고

남들은 잘 알지도 못하면서
열아홉은 꽃다운 나이라고 한다
하지만 열아홉은 꽃다운 나이가 아니다
각자 무거운 짐을 하나씩 들고 있다

열아홉은 짐이 하나하나 늘어나는 나이다
짐이 늘어나면 늘어날수록
내 얼굴의 여드름이 증거로 말해 준다

내 인생의 열아홉은
최고로 고민이 많은 나이

『내일도 담임은 울 뻘이다 / 김상희·정윤혜·조혜숙 엮음 / Humanist』

현재의 나를 만든 과거
〈모방 시 쓰기〉

'역사는 현재를 비추는 거울'이라고 한다. 즉 현재의 모습은 과거로부터 비롯된 것이므로, 현재를 보면 과거 또한 알 수 있고, 반대로 과거를 보면 현재의 모습도 이해할 수 있다는 의미이다. 그런 측면에서 한 국가, 한 가정, 한 사람에게 있어 과거는 현재와 미래만큼 매우 중요하다.

독일의 인기 작가 '비프케 로렌츠'의 작품 중 「당신의 기억을 지워드립니다 / 서유리 옮김 / 레드박스」라는 제목의 책이 있다. 이 소설에는 과거를 지우고 싶은 29살의 아가씨 찰리가 등장하는데, 그녀는 과거의 실수들 때문에 죄책감에 시달린다. 그러던 어느 날 헤드 헌팅 회사로부터 과거를 지워주겠다는 제안을 받게 되는데…. 기발한 발상과 이야기 구성으로 읽는 재미를 주는 책인데, 책 속에는 이런 문장이 담겨 있다.

'이제 한 가지 사실은 분명히 깨달았다. 아주 작고 사소하고 의미 없어 보이는 에피소드라도 그것이 어떤 결과로 이어질지 아무도 모른다는 것을.'

아마 책에 대한 소개를 읽으면서 기회를 만들어 읽어보고 싶다는 생각을 한 분들이 계실 것이다. 나아가 내게도 지울 수만 있다면 지워버리고 싶은 기억들이 있다는 것도 떠올리셨을 것이다. 그러나 잊으려고 하면 할수록 더욱 선명하게 떠오르는 것이 기억이다. 따라서 지워지지 않는 부정적인 기억들을 한꺼번에 없애려 하기보다는, 그것이 현재의 나에게 부정적인 영향을 미치고 있다면 해결을 모색하는 것이 현명할 것이다. 세 번째 세션의 목표는 참여 청소년들의 기억에 남아 있는 과거를 탐색하고, 그것이 현재의 나에게 어떤 영향을 미치고 있는가를 알아보는 것이다.

(1) 선정 자료

① 「나만의 5대 뉴스 : 시집 '그래도 괜찮아' 中 / 안오일 지음 / 푸른책들」

최근 청소년 문학이 확실히 구분되면서 그들을 위한 작품이 많이 나오고 있다. 그 중 괜찮은 시집도 나오고 있어서 치료 작업을 하는 필자에게는 큰 도움을 주고 있는데, 안오일 작가의 시집도 열심히 활용하고 있는 책 가운데 하나이다. 시 '나만의 5대 뉴스'는 박철의 시 '그 아이의 연대기'를 변주한 작품이라고 한다. 사실 박철의 시는 분량도 길고, 시작 시점이 오래 전이라 청소년들에게는 활용하기가 어렵다. 그런데 이렇게 변주를 해주니 내용도 쉽고 청소년들이 공감할 수 있는 상황들이라 접목 방안들이 많다. 이번 세션을 위해 선정한 시의 전문은 〈참여자 활동자료 3-1〉에 있다.

(2) 관련 활동

① 모방 시 쓰기

본 활동에 대한 설명은 『청소년을 위한 독서치료 1』을 참고하시라.

나만의 5대 뉴스

- 박 철의 시 「그 아이의 연대기」를 변주하여

안오일

2002년 여름 어느 날
처음으로 엄마한테 뺨 맞고 가출했다
해가 지도록 집 주위를 빙빙 돌며
동그라미만 실컷 그리다가 들어갔다

2005년 어느 날
내 마음속으로 쏙 들어온 녀석이었다
잘생기고 공부 잘하고 맘씨 좋은
그런데 교통사고로 죽었다
하늘도 시샘했나 보다

2008년 겨울 어느 날
눈길을 걷다가
꽈당! 엉덩방아를 찧었다
내 엉덩이보다 더 벌게진 얼굴
그때, 흩어진 내 책들을 집어 주던
긴 손가락을 가진
잊을 수 없는 남자 애

2009년 여름 어느 날
기르던 햄스터가 죽었다
가족 여행을 떠나면서 깜박 잊었던 것
어떻게 그럴 수 있었을까
처음으로 진지하게 생명에 대해 생각했다

2010년 봄 어느 날
핸드폰으로 메시지가 왔다
널 좋아하는 것 같아
영구 보관함에 넣어 두었다

『그래도 괜찮아 / 안오일 시 / 푸른책들』

나만의 ＿＿＿대 뉴스

시인 :

| |
| |
| |
| |
| |

제4회 내가 살고 싶은 미래
〈하고 싶은 것, 할 수 있는 것, 해야 하는 것〉

'미래'라는 단어를 떠올리면 곧이어 '희망'이라는 단어가 연상된다. 모든 사회, 모든 가정, 모든 개인에게 미래가 희망으로 다가오지만은 않을 텐데, 보다 밝으면서도 좋은 모습이었으면 하는 바람은 누구에게나 있다. 그래서인지 두 단어는 처음부터 한 쌍이었던 것처럼 묶여 있다.

그렇다면 '미래'가 곧 '희망'이 되기 위해서는 무엇이 필요할까? 저마다 다른 요소를 말하겠으나 필자가 꼽은 최우선은 '살아 있는 것'이고, 두 번째는 '하고 싶은 것을 하고 있는 것'이다. '하고 싶은 것을 하며 사는 것'이 매우 쉬울 것 같지만, 생각처럼 쉽지가 않다. 현재 성인으로서 직장을 갖고 계신 분들 중 자신이 하고 싶은 일을 하며 보람을 느끼는 사람이 몇 명이나 된다고 생각하는가? 현재 학생으로서 향후 하고 싶은 일을 할 수 있는 사람이 몇 명이나 될 거라고 생각하는가? 많지 않을 것이다. 그렇다면 그들은 그런 미래를 원했을까? 결코 아닐 것이다. 내가 살고 싶은 미래를 떠올리며 희망에 부풀어 있었을 것이다. 그러나 현재의 모습은 내가 원하는 것과는 사뭇 다르다. 그들은 왜 그런 결과를 갖게 되었을까?

하고 싶은 것을 하기 위해서는 그 가운데 할 수 있는 것과 그렇지 못한 것을 구분 지을 필요가 있다. 또한 미래에 하고 싶은 것을 하기 위해 현재 해야 하는 것을 열심히 실행할 필요가 있다. 즉 이성적인 판단을 통한 선택이 필요하고, 성실히 행하는 자세 또한 요구되는 것이다.

제4회는 참여 학생들이 살고 싶은 미래를 점검하고, 더불어 그 가운데 할 수 있는 것을 구분한 뒤, 현재 시점에서 해야 하는 것은 무엇인지를 스스로 정리해 보게 하는데 목표가 있다. 이 시간은 막연한 바람을 구체화시키기 위해 필요한 것이 무엇인지를 깨닫게 해 줄 것이다.

(1) 선정 자료

① 「나도 새로운 곳을 향해 달릴 수 있을까? : 시집 '내일도 담임은 울 삘이다' 中 / 김상희·장윤혜·조혜숙 엮음 / 휴머니스트」

제4회를 위해 선정한 자료 역시 시집 「내일도 담임은 울 삘이다」에서 고른 공고 학생의 시이다. 이 시는 운동을 하다가 그만두었기에 무엇을 해야 할 것인지 막막함을 느끼는 사람의 심정을 잘 담고 있다. 따라서 '내가 살고 싶은 미래'에 대해 아직 생각을 해보지 않았거나, 좌절이나 상처 때문에 그 꿈을 접을 수밖에 없었던 경험이 있는 참여 학생들의 동일시를 유발시키기 위한 목적으로 선정했다. 시의 전문은 〈참여자 활동자료 4-1〉에 담겨 있다.

(2) 관련 활동

① 하고 싶은 것, 할 수 있는 것, 해야 하는 것

제목 그대로 하고 싶은 것과 할 수 있는 것, 해야 하는 것을 차례로 정리해 보는 활동지이다. 활동지를 제시하면 구체적으로 어떤 것을 적어야 하는지 질문을 하는데, 해보고 싶은 일은 물론이고 가보고 싶은 곳, 만나고 싶은 사람, 먹고 싶은 것, 도전해 보고 싶은 일 등 어떤 것이든 관계없다. '하고 싶은 것'에 대한 정리가 끝나면 그 중 할 수 있는 것을 고르게 하고, 마지막으로 현재 해야 할 일은 무엇이 있는지 생각해 보게 한다. 활동지는 〈참여자 활동자료 4-1〉에 담겨 있다.

나도 새로운 곳을 향해 달릴 수 있을까?

전현준

사백 미터 트랙을
세 바퀴 반 일곱 바퀴 반
앞사람 다리만 보고 달렸다!
난 늘 뒤에 있었지만
천오백 미터, 삼천 미터
운동선수였다

운동을 그만둔 지금
나는 무얼 해야 할까?
내 인생의 트랙을
잃어버린 것처럼
어디를 뛰어야 할지 모르겠다.

『내일도 담임은 울 삘이다 /
김상희·정윤혜·조혜숙 엮음 / Humanist』

하고 싶은 것, 할 수 있는 것, 해야 하는 것

하고 싶은 것	
할 수 있는 것	
해야 하는 것	

생각 바꾸기
〈과거의 뇌구조, 미래를 위한 뇌구조〉

아이돌 그룹 '슈퍼주니어 티'가 2007년도에 발표한 노래 중 '로꾸거'라는 곡이 있다. 먼저 가사를 살펴보자.

로꾸거

윤명선 작사·작곡, 염철목 편곡, 슈퍼주니어 티 노래

로꾸거 로꾸거 로꾸거 말해말 로꾸거 로꾸거 로꾸거 말해말
아많다많다많다많아 다이뿐이뿐이뿐이다
여보게저기저게보여 여보안경안보여
통술집술통 소주만병만주소 다이심전심이다 뽀뽀뽀
아좋다좋아 수박이박수 다시합창합시다

로꾸거 로꾸거 로꾸거 말해말 로꾸거 로꾸거 로꾸거 말해말
니가는데는가니 일요일 스위스 수리수리수 물렁물렁물
아좋다좋아 수박이박수 다시 합창합시다
어제도 거꾸로 오늘도 거꾸로 모든 건 거꾸로 돌아가고 있어
내일이 와야해 행복의 시계가 째깍째깍 돌아가겠지
째깍째깍째깍 원투쓰리포파이브식스 GO
로꾸거 로꾸거 로꾸거 말해말 로꾸거 로꾸거 로꾸거 말해말

하파타카차자아 사바마라다나가 10 9 8 7 6 5 4 3 2 1 땡
아래서 위로 뒤에서 앞으로 모든 건 거꾸로 로꾸거
할아버지 할머니 아저씨 아줌마 남녀노소 짠짠짠

얼씨구절씨구 빠라바라바빰 모든 건 거꾸로 로꾸거

나갔다오나나오다갔나 아들딸이다컸다이딸들아
다같은별은별은같다 자꾸만꿈만꾸자
장가간가장시집간집시 다된장국청국장된다
아좋다좋아 수박이박수 다시합창합시다
어제도 거꾸로 오늘도 거꾸로 모든 건 거꾸로 돌아가고 있어
내일이 와야해 행복의 시계가 째깍째깍 돌아가겠지
째깍째깍째깍 원투쓰리포파이브식스 GO

로꾸거 로꾸거 로꾸거 말해말 로꾸거 로꾸거 로꾸거 말해 말
아좋다좋아 수박이박수 다시합창합시다
로꾸거 로꾸거 로꾸거 로꾸거 로꾸거 로꾸거 로꾸거 말해말

『로꾸거 / 윤명선 작사·작곡, 염철목 편곡,
슈퍼주니어 티 노래 / SM엔터테인먼트』

가사를 보면 모든 것이 거꾸로 돌아가고 있으며, 내일이 와야 행복의 시계가 제대로 돌아갈 것이라는 내용이다. 신세대를 위한 트로트를 표방하고 만들어진 곡이라고 하는데 복잡한 가사에 정신이 없지만, '거꾸로'를 '로꾸거'로 바꾼 제목이나 가사가 재미있으면서 새로운 관점을 제공해 주고 있어서 옮겨 본 것이다.

이어서 다음의 내용은 「거꾸로 생각해 봐! 세상이 많이 달라 보일걸 / 홍세화 외 7인 지음 / 낮은산」에서 옮긴 것으로, 이 책의 저자 중 한 사람인 홍세화 신문기획위원의 말을 옮긴 것이다.

"나는 생각하는 동물이다. 그렇지만 태어날 때 생각을 갖고 태어난 건 아니다. 지금 나는 무척 많은 생각을 갖고 있다. 그 생각들은 내가 스스로 만들어 가진 게 아니며 내가 선택한 게 아닐 수 있다. 그럼에도 지금 나는 갖고 있는 생각을 고집하면서 살아간다. 더구나 내 생각 중에 잘못된 게 있어도 나는 그것을 자각하지 못한다. 그러므로 나는 끊임없이 거꾸로 생각해 봐야 한다."

제5회의 세부목표는 '생각 바꾸기'이다. 하지만 늘 해오던 생각의 방식을 하루아침에 바꿀 수 있는 사람이 몇 명이나 될까? 습관처럼 굳어 있을 뇌 지도를 고칠 수 있는 사람이 몇 명이나 될까? 이처럼 생각을 바꾸는 것은 매우 어려울 것이다. 그렇지만 현재 내 생각의 중심에 어떤 것들이 자리를 잡고 있는지 인식하고, 이어서 부정적 결과로 이어지는 비합리적인 부분을 합리적으로 바꾸어 나갈 수 있다면, 그 사람의 미래는 보다 밝을 것이다. 제5회는 우리가 바라는 미래의 뇌구조를 확립하는 시간이다.

(1) 선정 자료
① 「오래된 건망증 : 시집 '난 빨강' 中 / 박성우 지음 / 창비」

제2회를 위해 선정한 자료 역시 박성우 시인의 작품에서 골랐다. 작품에 대한 자세한 설명은 '제1회'를 참고하시라. 시의 전문은 〈참여자 활동자료 5-1〉에 제시를 했으며, 오래 전 자신을 잃어버렸기에 찾고 있다는 내용이다.

(2) 관련 활동
① 과거의 뇌구조, 미래를 위한 뇌구조

그것이 생각이든 감정이든 행동이든, 한 사람의 어떤 측면을 바꾸기는 어렵다. 하지만 어떤 측면에서건 현재의 삶에 부정적인 영향을 미치는 것이 있다면, 그것을 알고 바로잡을 수 있는 기회를 가져야한다. 만약 부정적인 과거에서 벗어나 보다 나은 미래의 삶을 원하고있다면 말이다.

'과거의 뇌구조, 미래를 위한 뇌구조' 활동은 자신의 성장과 행복한삶을 방해했던 생각들을 점검하고, 미래를 위해서는 어떻게 개선을해야 하는지 스스로 모색할 수 있는 기회를 주기 위한 것이다. 이미방송에 출연하고 있는 사람들을 주인공으로 한 뇌구조가 많이 나와있는 것은 물론, 자신의 뇌구조를 알아볼 수 있는 스마트폰 어플리케이션도 보급이 되어 있기 때문에 참여 학생들에게도 낯설지 않은 활동일 것이다. 구체적인 활동지 양식은 〈참여자 활동자료 5-2〉와 〈참여자 활동자료 5-2〉에 제시해 두었다.

오래된 건망증

박성우

너도 그러니? 나도 그래, 나를 잃어버린 지 오래야. 하도 오래되어서 언제 잃어버렸는지 기억도 가물가물해

그 어디에도 나는 없어 학교에도 학원에도 버스에도 집에도 나는 없어 혹시나 해서 찾아가 본 분실물보관소에도 나는 없었어. 그렇다고 나를 완전히 잃어버린 건 아니야 출석을 부를 때 분명히 '예' 하고 대답하는 소리를 똑똑히 들었거든 하지만 그뿐 그 어디에도 나는 없어

부탁이야, 어디서든 나를 보면 곧장 연락 좀 해줘 잘 타일러서 보내줘 바다도 보여주고 영화도 보여주고 맛있는 것도 실컷 좀 사 먹여서 보내줘 암튼, 하고 싶다는 거 다 해줘서라도 꼭 좀 내 몸한테 돌려 보내줘

우연히라도 나를 보거든 꼭 좀 연락해줘, 후사할게.

『난 빨강 / 박성우 지음 / 창비』

나의 뇌 구조 그리기 – 과거

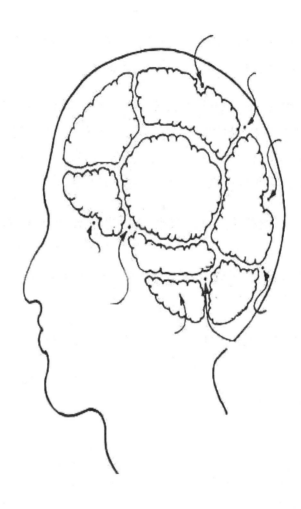

나의 뇌 구조 그리기 - 미래

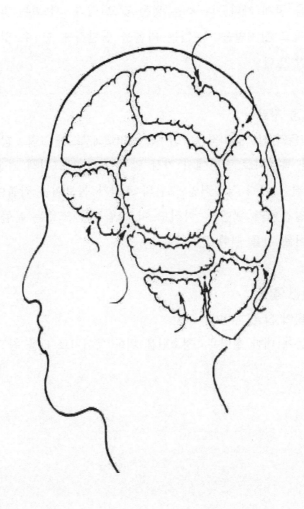

마음 다지기
〈마음의 집 설계하기〉

'다지다'는 동사로써 '누르거나 밟거나 쳐서 단단하게 하다.', '마음이나 뜻을 굳게 가다듬다.'라는 뜻을 갖고 있다. 제6회는 작은 자극에도 흔들리고 상처받을 수 있는 마음을 단단하게 할 수 있도록 돕는 데 목표가 있다.

(1) 선정 자료

① 「마음의 집 / 김희경 글, 이보나 흐미엘레프스카 그림 / 창비」

필자가 독서치료 장면에서 가장 많이 활용한 그림책 가운데 한 권으로, 간결한 글과 상징적인 그림의 조화가 돋보이는 작품이다. '백문이 불여일견'이라 했던가. 아직도 이 그림책을 모르는 분들에게는 반드시 읽어볼 것을 권한다.

(2) 관련 활동

① 마음의 집 설계하기

본 활동에 대한 설명은 『청소년을 위한 독서치료 1』을 참고하시라.

제7회 행동으로 옮기기
〈행동 강령 세우기〉

계획된 행위 이론에서 핵심은 행동에 대한 지각된 통제감이라고 할 수 있다. 행동에 대한 지각된 통제감은 자신이 대상 행동을 실제로 얼마나 잘 수행하고 통제할 수 있는지에 대한 주관적 평가로서, 상황적인 제약 등에 의해 행위 의도가 행동을 온전히 설명할 수 없다는 한계를 극복하기 위한 것이다. 행동하고자 하는 의도를 실제 행동으로 옮기기 위해서는 동기적 요소뿐 아니라 행동을 하기 위한 기회나 자원(시간, 돈, 기술, 타인과 협동 등)들도 중요한 영향을 미치며, 이러한 요소들은 행동에 대한 개인의 통제감에 영향을 미치게 된다. 따라서 행동이 실제로 발생하려면, 행동을 하고자 하는 동기(행위 의도)뿐 아니라 실제 행동을 할 수 있는 능력도 필요하며, 이를 계획된 행위 이론에서는 행동에 대한 지각된 통제감이라고 한다. 이와 같은 지각된 통제감의 개념은, 알버트 반두라(Albert Bandura)가 사회 학습 이론에서 말했던 '지각된 자기 효능감(perceived self-efficacy)'과도 연결될 수 있다.[1]

〈그림 1〉 계획된 행동 이론[2]

---

1) Fishbein, M., & Ajzen, I.(1975). Belief, attitude, intention, and behavior: An introduction to theory and research. Reading, MA: Addison-Wesley.

2) Ajzen, I.(1991). The theory of planned behavior. Organizational behavior and human decision processes, 50(2), 179~211.

(1) 선정 자료

① 「졸업 후 : 시집 '내일도 담임은 울 삘이다' 中 /
　김상희·정윤혜·조혜숙 엮음 / Humanist」

제7회를 위해 선정한 자료 역시 시집 「내일도 담임은 울 삘이다」에서 고른 공고 학생의 시이다. 이 시는 머지않아 학교를 떠나 진학 혹은 취업을 해야 하는 고등학생의 심정이 잘 담겨 있다. 따라서 참여 학생들이 공감을 할 수 있을 것 같고, 나아가 '결국 때가 되면 어떻게든 되겠지'라는 마지막 행의 내용을 바탕으로 보다 나은 결과를 위해 어떤 결정과 행동을 해야 하는가 구체적인 방안 모색을 해볼 수 있을 것 같아 선정을 했다. 시의 전문은 〈참여자 활동자료 7-1〉에 담겨 있다.

② 「고래가 보고 싶거든 / 줄리 폴리아니 글, 에린 E. 스테드 그림,
　김경연 옮김 / 문학동네」

문득 고래가 보고 싶다는 생각이 들었다면 어떻게 해야 할까? 인터넷 환경이 잘 갖추어져 있는 시대이기 때문에 검색을 통해 관련 사진이나 영상을 보거나, 직접 바다로 떠나는 것도 한 방법일 것이다. 또는 고래가 있는 수족관에 가거나 책을 찾아 읽어보는 것도 방법일 것이다. 이와 같이 어떤 생각이나 마음이 들었을 때 방법을 생각하고 행동에 옮기는 것은 좋은 성과로 이어진다. 그러나 생각에만 그치고 만다면 긍정적인 성과 또한 얻을 수 없을 것이다.

이 책은 고래를 기다리는 한 아이를 통해 간절히 바라는 것이 있을 때 어떻게 해야 하는지를 잘 보여주고 있다. 인내와 그 실행 과정이 간결하게 표현되어 있는 점 또한 참여 학생들에게 도움이 될 것이다.

(2) 관련 활동

① 행동 강령 세우기

어떤 행동을 하기에 앞서 목적을 정확히 하고 과정을 모색하는 것은 좋은 결과를 위한 기반이 된다. '행동 강령 세우기' 활동은 향후 내가 원하는 모습을 설정한 뒤, 그 결과를 이루기 위해 어떤 과정을 거쳐야 하는지 구조를 설계해 보는 것이다. 구체적인 활동지는 〈참여자 활동자료 7-2〉에 담겨 있다.

졸업 후

한재원

머지않았다
이제 학교를 나가면
진학이든 취업이든 해야 할 텐데
막막하다
진학을 하지 않으면
가족들이 날 잡아먹을 것이다
근데 자신이 없다

결국 때가 되면 어떻게든 되겠지

『내일도 담임은 울 삘이다 / 김상희·정윤혜·조혜숙 엮음 / Humanist』

행동 강령 세우기

어떤 행동을 하기에 앞서 목적을 정확히 하고 과정을 모색하는 것은 좋은 결과를 위한 기반이 됩니다. '행동 강령 세우기' 활동은 향후 내가 원하는 모습을 설정한 뒤, 그 결과를 이루기 위해 어떤 과정을 거쳐야 하는지 구조를 설계해 보는 것입니다. 먼저 원하는 모습을 그려보세요. 이어서 그런 모습이 언제쯤이었으면 좋겠는지 적어보고, 그 모습을 갖기 위해서는 단계별로 어떤 것을 해야 하는지 구체적으로 작성해 보세요. 만약 단계가 더 필요하다면 추가해도 됩니다.

1) 원하는 모습 :

2) 시점 :

3) 1단계 :

4) 2단계 :

5) 3단계 :

6) 4단계 :

7) 5단계 :

　다음의 글은 '네이버 카페'「좋은 나무 성품 학교」에서 인용을 한 것으로 '좋은 나무에서 드리는 성품 편지 NO. 44 책임감, 2010년 1월 호'에 실린 글이라고 한다. 대부분의 사람들이 알고 있는 위인 '퀴리 부인'의 책임감을 다루고 있어 청소년을 대상으로 '책임감 증진' 프로그램에서도 사용한 적이 있는데, 소개를 해드리고 싶은 마음에 옮겨 왔다.

책임감의 이름으로 인류에 헌신한 과학자

　남들은 한 번 타기도 힘든 노벨상을 남편과 함께 탔고, 그리고 홀로도 탔으며, 심지어 딸과 사위도 이 상을 받았던 여성 최초 노벨상 수상자가 있습니다. 바로 마리 퀴리(Marie Curie)입니다. 하지만 노벨상을 두 번이나 수상했음에도 불구하고 여자라는 이유로 프랑스 과학아카데미의 회원으로 받아들여지지 않기도 했었지요.

　마리 퀴리는 러시아의 지배하에 있는 폴란드에서 태어났습니다. 마리는 매우 총명한 학생이었지만 당시 대학은 여성의 입학을 허용하지 않았고, 또한 러시아가 폴란드인들이 실험과학을 배울 수 없도록 규제하였으므로, 그녀가 흥미를 가지고 있는 분야인 물리학과 화학을 교육받을 수 있는 길은 모두 막혀 있는 셈이었습니다.

　친구들에게 보여주기 위해서 시험관을 호주머니에 넣고 다니기까지 하고, 라듐을 자신의 팔에 직접 쏴서 화상을 입게 한 후 그 화상이 우라늄보다 더 강한 방사성을 띤다는 것을 보여주기까지 했던 행동들을 본다면, 그 엄청난 열정을 알 수 있습니다.

"개인을 향상시키지 않고서 더 나은 세상을 만들겠다는 희망을 가질 수는 없습니다. 그러한 목적을 위해 우리 모두 각자 자신의 개발에 힘써야 하며, 그와 동시에 전 인류에 대한 보편적인 책임감과 전 인류에 꼭 필요한 것을 해야 한다는 특별한 임무를 공유해야 합니다."라고 그녀는 말했습니다.

책임감이란 내가 해야 할 일들이 무엇인지 알고 끝까지 맡아서 잘 수행하는 태도입니다. 러시아의 지배에 의한 정치적 불안, 넉넉지 못했던 가정환경과 여성이라는 편견. 이 모든 것들을 넘어서기 위해 마리 퀴리는 자기가 가장 잘 할 수 있는 일이 무엇인지 알고 그 재능에 대한 책임감을 스스로 지면서 끊임없이 노력했던 것입니다. 만약 그녀에게 자신을 개발하고, 더 나은 세상을 만들겠다는 목적과 책임감이 없었다면 아마도 방사성 원소의 발견은 몇 년, 어쩌면 몇 십 년 후로 미뤄졌을지도 모릅니다.

마리 퀴리는 50대 후반에 이르러서 라듐의 방사능에 의해 몸에 이상이 나타나면서 건강이 악화되었습니다. 하지만 죽기 1년 전까지 물리학 회의에 참석하고, 과학자가 된 딸과 사위의 논문을 고쳐주기도 했습니다. 비록 자신의 연구로 인해 건강을 잃고 결국에는 죽음에 이르게 되었지만, "나는 과학이 아름다움을 간직하고 있다고 믿는다."고 고백하기도 하였습니다.

자신의 인생에 대한 책임감, 또 자신에게 있는 재능에 대한 책임감으로 마리 퀴리는 더 좋은 세상을 만들어가는 아름다운 모습을 우리에게 보여주었으며, 오늘날 그녀의 도움으로 많은 사람들이 새로운 생명을 얻게 하는 위대함을 물려주었습니다.

(1) 선정 자료

① 「엑스레이 사진을 보며 : 시집 '그래도 괜찮아' 中 / 안오일 지음 / 푸른책들」

제8회에도 안오일 시인의 작품을 골랐다. 이 시는 엑스레이 사진에 나타난 갈비뼈의 모습이 마치 향후 꽃이 피고 열매도 열릴 나무처럼 보인다는 발상을 통해, 내 안에 자라고 있는 잠재력을 일깨워 주고 있다. 따라서 자신을 스스로 키워야 하는 책임감과 연결을 짓기 위해 선정을 했다. 시의 전문은 〈참여자 활동자료 8-1〉에 있다.

(2) 관련 활동

① 책임감 진단 검사

이 검사는 이상로, 변찬진, 진위교가 1989년에 제작한 표준화 성격 진단 검사 중(총 15개의 척도 350개 문항으로 구성되어 있으며 중앙적성출판사에서 발행) 책임감 척도이다. 총 35문항으로 "예, 아니오"로 답을 하며, 점수가 높을수록 책임감이 높은 것을 의미한다. 검사지는 〈참여자 활동자료 8-2〉에 제시했다.

② 책임 충실도 점검

책임 충실도는 자신은 물론 가족, 사회, 자연에 대해 부여받은 책임을 얼마나 충실히 수행해 내고 있는가를 스스로 점검해 볼 수 있도록 만든 활동이다. 참여 학생들은 구체적인 사례를 떠올리며 점검을 할 수 있는 기회를 갖기 때문에, 활동지를 작성하면서 책임 의식을 더 갖게 될 것이며, 나아가 책임감을 기를 필요가 있다는 인식 또한 갖게 될 것이다. 치료사는 질문을 통해 책임감을 더 높일 수 있는 방안도 생각할 수 있는 기회를 줄 수 있다. 활동지 양식은 〈참여자 활동자료 8-3〉에 담겨 있다.

엑스레이 사진을 보며

안오일

잦은 기침에
가슴 엑스레이를 찍었다
사진에 나타난 내 갈비뼈
꼭 나뭇가지처럼 뻗어 있다
내 몸 속에선 보이지 않게
가지가 자라고 있었나 보다
저 가지에서 피어날 꽃을 위해
저 가지에서 열릴 열매를 위해
내 몸 속 어디에선 또 보이지 않게
분주히 움직이고 있는 것들이 있겠지?
어쩌면 내 몸은 나를 키우는
뿌리일지도 몰라
가지도 자라게 하고
꽃도 피우게 하고
열매도 맺게 하는
세상의 흙을 단단히 움켜쥐어야 하는
그런 뿌리일지도 몰라
아침 굶지 말고 학교 가라는 엄마 말씀이
운동 열심히 하라는 선생님 말씀이
뿌리에게 주는 물이었는지도 몰라
그걸 이제야 알았냐는 듯
내 뿌리가 밭은기침을 해댄다

『그래도 괜찮아 / 안오일 시 / 푸른책들』

책임감 진단 검사

이 검사는 여러분이 자기 자신의 책임감을 좀 더 정확히 이해함으로써 보다 현명하고 만족스러운 삶을 누리는데 필요한 도움을 주기 위하여 만들어진 것입니다.

검사지 한 문장 한 문장을 읽으면서 여러분의 생각이나 행동과 비슷한 내용이면 "예"에 표시를 하고, 그렇지 않으면 "아니오"에 표시를 하면 됩니다. 가능한 한 문장도 빠짐없이 대답해 주시기 바랍니다.

이름 : _____   나이 : _____

1. 책임이 무거운 일을 맡기가 두렵다.   (예, 아니오)
2. 남의 말을 아무렇게나 듣고 넘겨버린다.   (예, 아니오)
3. 책임질 수 없는 말을 함부로 할 때가 종종 있다. (예, 아니오)
4. 귀찮은 일이 생기면 꾀병을 부리는 일이 있다.   (예, 아니오)
5. 친구 때문에 실수를 할 때가 많다.   (예, 아니오)
6. 구구절절한 변명이나 구실을 곧잘 늘어놓는다.   (예, 아니오)
7. 일을 거들기보다는 옆에서 구경하는 편이다.   (예, 아니오)
8. 발등에 불이 떨어져야 비로소 일을 시작한다.   (예, 아니오)
9. 남의 도움에 보답하지 못하고 안타까워 할 때가 많다.

(예, 아니오)

10. 좋지 못한 습관인 것을 알면서도 잘 고칠 수 없다.

(예, 아니오)

11. 일을 벌여 놓고 감당을 못할 때가 있다.   (예, 아니오)
12. 남의 부탁이라면 무작정 맡아 놓고 본다.   (예, 아니오)
13. 일찍 일어날 일이 있어도 잘 일어나지 못한다. (예, 아니오)
14. 힘든 일을 맡아 놓고는 흐지부지해 버리기 일쑤다.

(예, 아니오)

15. 가끔 약속을 어길 때가 있다.   (예, 아니오)

16. 경우에 따라서는 규칙을 무시하고 행동한다.   (예, 아니오)

17. 계획만 세워놓고 도중에 그만두는 일이 많다.   (예, 아니오)

18. 위기나 난관에 부딪히면 꽁무니를 빼기 일쑤다. (예, 아니오)

19. 한 가지 일에 꾸준히 몰두하지 못한다.   (예, 아니오)

20. 일이 뜻대로 되지 않으면 불평을 할 때가 많다. (예, 아니오)

21. 물건을 훔친 사람은 물론이고 잃어버린 사람도 비난하고 싶다.

                                         (예, 아니오)

22. 내가 할 일을 남에게 미루지 않는다.   (예, 아니오)

23. 시작한 일은 끝장을 내고야 만다.   (예, 아니오)

24. 교통사고가 나는 것은 운전사에게만 책임이 있는 것이 아니다.

                                         (예, 아니오)

25. 낼 돈이 있으면 반드시 기한 내에 내는 편이다. (예, 아니오)

26. 자식으로서 부모에 대한 책임을 느낀다.   (예, 아니오)

27. 무슨 일이든 끈기 있게 한다.   (예, 아니오)

28. 빌린 물건은 반드시 제 때에 돌려준다.   (예, 아니오)

29. 마음이 내키지 않더라도 맡은 일은 반드시 한다.(예, 아니오)

30. 재미있게 놀다가도 꼭 해야 할 일이 있으면 그 일을 시작한다.

                                         (예, 아니오)

31. 일하는 도중에 독촉을 받는 일이 별로 없다.   (예, 아니오)

32. 해야 할 일은 항상 제 때에 하는 편이다.   (예, 아니오)

33. 남들이 비교적 나를 믿어주는 편이다.   (예, 아니오)

34. 일이 조금 어려워도 참고 견딘다.   (예, 아니오)

35. 한 가지 일을 끝낼 때까지 다른 일을 하지 않는다.

                                         (예, 아니오)

책임 충실도 점검

현재 여러분은 나에게 부여된 책임을 얼마나 열심히 지켜 나가고 있나요? 다음 빈칸에 그 정도를 사례와 함께 적어 보세요.

책임감의 종류	구체적인 사례	충실도		
		매우 충실	보통	충실 하지 못함
자신에 대한 책임				
가족에 대한 책임				
사회에 대한 책임				
자연에 대한 책임				

<table>
<tr><td>제9회</td><td>**주변 자원 구축하기**
〈주변 자원 마인드맵〉</td></tr>
</table>

인생의 진정한 비극은 우리가 충분한 장점을 갖고 있지 않다는데
있지 않다. 오히려 갖고 있는 강점을 충분히 활용하지 못하는데 있다.
- 벤자민 프랭클린

이 세상에 살고 있는 모든 사람들에게는 저마다의 잠재력이 있다.
따라서 그들은 그 잠재력을 활용해 자신에게 생긴 문제를 해결하거
나 원하는 것을 성취해 나간다. 그러므로 잠재력을 확인하고 그것을
적절히 활용하는 것은 매우 중요하다. 영국의 긍정심리학자 알렉스
린리(Alex Linley)는 누구나 자신의 강점을 활용하기를 좋아하기 때문에
강점은 그 자체로 활성화되는 경향이 있다고 말했다. 실제로 사람들
은 단점을 드러내는 것을 꺼리고, 그것을 보완하는 것 또한 쉽지 않
다고 여긴다. 때문에 자신의 강점을 사용하려는 동기가 더 강하고,
그것으로 인해 얻은 것들에 대해 보람을 느낀다. 즉 자신 없는 부분
은 감추고 잘한다고 생각하는 부분을 적극 드러낸다는 것이다.

심리치료 장면에서 만나는 사람들은 자신에게 잠재력이 많지 않다
고 여기는 경향이 있다. 다시 말하면 자신에게는 강점 혹은 장점이
거의 없다고 생각한다는 것이다. 이런 생각은 어떤 상황에 처했을 때
수동적이면서도 의존적으로 만든다. 또한 부정적인 결과를 낳게 만들
기도 한다. 따라서 그에게 어떤 강점이 있는지를 탐색하고, 그것을
확립해 활용할 수 있는 기회를 만들어 주는 것이 필요하다.

제9회의 목표 '주변 자원 구축하기'는 스스로의 강점이 부족하다고
인식하는 사람들에게 주변의 자원을 통해 어려움을 이겨나갈 수도
있다는 것을 알려 주기 위한 의도에서 수립한 것이다. 주변의 자원은

환경이거나 사람일 수 있으며, 그밖에 어떤 것이라도 참여자들이 꼽은 것이면 상관이 없다. 그러므로 가능한 많은 자원을 떠올려서 연결지을 수 있도록 도울 필요가 있다.

(1) 선정 자료

① 「의자 다리가 준 말씀 : 시집 '그래도 괜찮아' 中 /
　　안오일 지음 / 푸른책들」

제9회를 위해 선정한 자료도 안오일 시인의 시집에서 골랐다. 시 '의자 다리가 준 말씀'은 이사를 할 때 빠져버린 의자의 다리를 통해 하나가 되어 가는 과정을 깨달았다는 내용을 담고 있다. 시의 전문은 〈참여자 활동자료 9-1〉에 담겨 있다.

(2) 관련 활동

① 주변 자원 마인드맵

마인드맵(mind map)은 문자 그대로 '생각의 지도'라는 뜻을 갖고 있다. 영국의 토니 부잔이 1960년대 브리티시 콜롬비아대학교 대학원을 다닐 때 두뇌의 특성을 고려해 만들어냈는데, 그는 일부 사람들의 경우 그림과 상징물을 활용해 배우는 것이 훨씬 더 효과적이라는 생각이 들어 고안해 낸 것이라고 한다.

제9회에서는 마인드맵을 활용해 자신의 주변에 있는 자원들을 생각해서 그려보는 작업을 실시한다. 이 활동은 스스로에게 어떤 어려움이 생겼을 때 효과적으로 도움을 요청할 수 있는 경로를 구축할 수 있도록 도울 것이다. 활동지 양식은 〈참여자 활동자료 9-2〉에 제시했다.

의자 다리가 준 말씀

안오일

이사할 때 빠졌나 보다
책상 의자 다리에서 없어진
고무 패킹 하나,
의자는 사라진 한쪽 높이만큼
자꾸만 불편한 몸짓을 한다
종이를 접어 받쳐 보지만
움직일 때마다
기우뚱, 다시금 앓는다
다리 하나의 불편함이
의자 전체의 불편함으로 된 것인데
공부하는 내 신경까지 거슬리게 한 것인데

한참을 고민하던 나는
나머지 다리의
고무 패킹을 다 빼 버렸다
그제야 안정감을 되찾고 평온해진
의자
다리 하나를 위해
세 개의 다리가 선택한 것은
다 같이 불편해지는 것이 아니라
하나가 되는 과정이었다
그럴 때가 있다
가끔은,

『그래도 괜찮아 / 안오일 시 / 푸른책들』

주변 자원 마인드맵

우선 여러분의 이름을 가운데 적으세요. 그런 다음 자유롭게 가지
를 뻗어 주변 자원 마인드맵을 완성해 보세요.

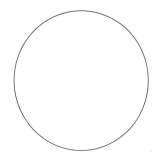

달라진 나 점검하기
〈참여 소감 나누기, 덕담 종이 작성〉

영국이 낳은 대문호 윌리엄 셰익스피어의 4대 비극 중 하나인 「로미오와 줄리엣」에는 이런 구절이 나온다. "잘 있거라, 우리가 언제 다시 만날지는 아무도 모른다(Farewell! God knows when we shall meet again)." 또한 「법화경」에는 '회자정리 거자필반(會者定離 去者必返)'이라는 말이 나온다. 즉, '만나는 사람은 반드시 헤어지게 되고, 떠난 자는 반드시 돌아온다'는 것이다.

열 번의 만남은 무척 짧아서 제대로 된 관계를 형성했다고 말할 수 없다. 게다가 우리는 목표를 정해 놓고 만났기 때문에, 그 외의 영역들에 대해서는 다 알 수 있는 기회를 갖지 못하기도 했다. 따라서 오랜 연인들처럼 헤어짐이 매우 아쉽다고 말할 수는 없겠지만, 그래도 치료사와 참여자로 만난 것 또한 대단한 인연이었기에, 게다가 '상처'를 매개로 한 만남이었기에 헤어짐에 있어 아쉬움이 남는 것은 틀림없는 사실이다.

따라서 제10회에는 참여자들이 얼마나 성장을 했는지 점검을 하고, 헤어짐에 대한 마음을 펼칠 수 있는 기회를 만들어 주고자 한다.

(1) 선정 자료
① 「겨울나무 : 시집 '그래도 괜찮아' 中 / 안오일 지음 / 푸른책들」
마지막 10회를 위한 선정한 시 역시 안오일 씨의 작품에서 골랐다. 이 시는 청소년들의 모습을 나무에 비유한 것으로, 추운 겨울이 지나면 싹이 돋고 꽃이 필거라는 희망적 메시지를 담고 있다. 시의 전문은 〈참여자 활동자료 10-1〉에 담겨 있으며, 종결 세션이기 때문에 희

망을 심어주기 위한 목적으로 선정했다.

(2) 관련 활동
① 참여 소감 나누기

마지막 세션이기 때문에 그동안 참여하면서의 전반적인 느낌, 도움이 되었던 점, 아쉬웠던 점 등을 솔직히 나눌 수 있는 기회를 갖는 것은 참여 학생들은 물론이고 치료사 및 보조치료사에게도 도움이 된다. 그러므로 모든 참여자들에게 기회를 주고 자유롭게 이야기 할 수 있도록 하자.

② 덕담 종이 작성

이 활동은 흔히 '롤링 페이퍼'라고 부르는 것을 다른 용어로 만든 것이다. 이유는 '롤링 페이퍼'라는 단어 자체가 우리나라에서만 활용되고 있는 것이고, 그 의미는 결국 'sign someone's card'이기 때문이다. 따라서 이왕이면 의미도 통하고 쉬운 우리말로 바꾸어 쓰는 것이 좋겠다는 생각이 들어서 바꾸었다. 하지만 방식은 '롤링 페이퍼'와 같다. 즉 주인공의 이름이 쓰여 있는 종이를 모든 참여자에게 돌리고, 그 안에 덕담을 써주게 하는 것이다. 작성이 끝나면 주인공에게 돌려주고 가장 마음에 와 닿는 문장을 골라 읽게 할 수 있고, 그로 인해 어떤 기분이 들었는지 물어도 된다. 워낙 활용되고 있는 양식이 많아 별도로 제공하지는 않을 것이므로, 본인에게 있는 것을 적절히 응용하시면 되겠다.

겨울나무

안오일

겨울 산에 가면
나무들마다 잎이 하나도 없어
어떤 나무인지 잘 모르겠다
다 비슷비슷하다

같은 물을 먹고
같은 햇빛을 받아도
봄이 되면 이 나무들은
다 다른 잎들을 내고
다 다른 꽃들을 피울 거다

똑같이 머리 깎고
똑같은 교복을 입고
똑같은 수업을 받아도
창기, 민우, 준석, 남준, 동엽……
다 다른 모습으로
다 다른 길을 갈 거다

우린 아직 겨울나무
봄이 되면
자기만의 꽃을 피울 거다

『그래도 괜찮아 / 안오일 시 / 푸른책들』

네 번째 만남

다문화 청소년의 진로 탐색을 위한
독서치료 프로그램

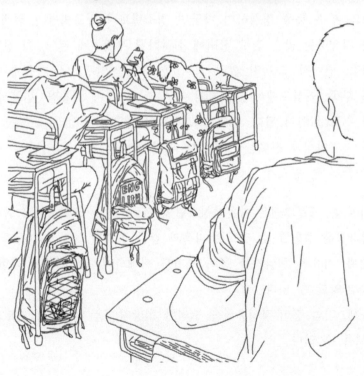

1. 프로그램의 필요성

북한이탈 청소년, 한민족 청소년, 국제결혼가정의 자녀, 외국인근로자 가정의 자녀, 중도입국 청소년 등 우리 사회에서 이주배경을 가진 다문화가정의 청소년의 수는 나날이 증가하고 있다. 우리나라에 거주하는 다문화가정의 청소년들은 문화적·언어적·교육적 배경의 차이로 인해 우리나라 사람들의 진로발달이나 직업세계의 특징에 익숙하지 않다. 또한, 교육, 진로선택에서의 불평등, 정체성 혼란, 사회적 지지체제의 부족 등을 경험하며 자국민 청소년보다 진로발달과 선택, 적응을 저해하는 많은 진로 장벽에 심각하게 부딪치게 된다. 이 장벽은 문화적, 언어적, 교육적 환경 차이, 한국의 직업구조나 계층에 대한 이해 부족, 역할모델이나 지지의 부족, 낮은 자아 효능감, 빈곤과 소외가 주로 원인이 된다. 그러므로 각각의 문화적 특성과 욕구를 고려하여 자기인식과 진로탐색, 직업에 대한 올바른 태도를 가질 수 있도록 이끌어 줄 필요가 있다.

이에 본 프로그램은 다문화청소년의 진로의식을 고취시키고 올바른 탐색과정을 경험할 수 있도록 다음과 같은 목표를 설정하였다.

첫째, 치유적 책읽기를 통해 자기를 이해하며 직업세계에 대한 정보를 파악할 수 있다.

둘째, 직업 흥미/적성유형을 고려한 희망직업을 탐색하고 진로계획을 세울 수 있다.

2. 프로그램의 구성

본 프로그램은 다문화청소년의 진로탐색을 돕기 위한 것으로, 각각 10회 회당 100분 진행 분량으로 이루어져 있다. 실제 프로그램이 진행된 곳은 인천에 위치한 ○○학교이다. 참가학생은 모두 12명으로 고등학교 2학년 8명과 3학년 4명이며, 우즈베키스탄, 몽골, 태국, 중국, 필리핀, 리비아 등의 다양한 국적을 가지고 있는 참여자들로 구성되었다. 참여자들 다수는 능숙하지는 않으나 한국어를 알아듣거나 간단하게 구사할 줄 아는 것이 특징이다. 그 외의 참여자들도 교내 한국어(KSL)교육과정을 통해 지속적으로 기본적인 한국어 말하기, 읽기와 쓰기 능력을 기르고 있었다.

프로그램의 제시는 먼저 계획표, 뒤이어 각 회별 구체적인 진행 순서 및 선정 자료 소개, 관련 활동의 소개 등으로 이어질 것이다.

〈표 4-1〉 다문화청소년의 진로탐색을 돕기 위한 독서치료 프로그램

세션	세부목표	선정 자료	관련 활동
1	마음 열기	〈시 : 길이 끝나는 곳에서 길은 다시 시작되고〉	프로그램 소개 및 집단 서약서 작성 진로에 대한 인식 점검
2	자기 인식 1	〈도서 : 지구별에 온 손님〉 〈영상 : 자화상〉	나는 누구인가? (내가 보는 나, 남이 보는 나)
3	자기 인식 2	〈영상 : 성공은 꿈에 의해 결정된다〉	나는 무엇을 하고 싶은가? -꿈 목록 작성하기
4	자기 점검- 흥미와 적성	〈도서 : 우체부 슈발〉	좋아하는 것과 잘 하는 것 Holland 직업흥미/적성검사 및 유형별 직업카드 탐색
5	자기 점검 - 성격	〈도서 : 내 꼬리〉 〈동영상 : 제트블루 CEO 데이비드 닐먼〉	단점 드러내기 및 바꾸기
6	자기 점검 - 가치관	〈동영상 : 나의 가치〉 〈도서 : 아름다운 가치 사전〉	젠가를 이용한 가치 획득게임 가치관 탐색하기
7	직업 탐색 1	〈영상 : 시대의 흐름을 읽는다. 직업 변천사〉	직업카드 빙고게임 내 꿈의 변천사
8	직업 탐색 2	〈영상드라마 : 미리 가 본 2030년, 누리는 미래〉 〈방송 공익광고 : 10년 후의 명함〉	나의 특성을 종합한 진로계획 세우기 미래 명함 만들기
9	긍정적인 미래 설계	〈도서 : 그레그 S. 레이드의 10년 후〉 〈시 : 가지 않은 길〉	S. M. A. R. T 한 목표 세우기 10년 후의 나, 미래상상 인터뷰 (20문 20답)
10	프로그램 종결	〈도서 : 하늘을 날고 싶은 아기 새에게〉	진로 다이어리 만들기(북 아트) 꿈을 응원하는 롤링페이퍼 돌리기 프로그램 종결 및 소감문 작성하기

3. 프로그램의 실제

다문화청소년의 진로탐색을 돕기 위한 독서치료 프로그램

제1회 마음 열기
〈프로그램 소개 및 집단 서약서 작성, 진로에 대한 인식 점검〉

첫 세션에서 형성되는 치료사와 참여자의 관계는 이후 상담 및 치료과정에 많은 영향을 미치게 되므로, 치료사는 기대와 불안을 안고 처음 찾아오는 참여자의 정서 상태를 고려하여 긴장이나 불안감을 약화시킬 수 있는 편안하고 자유로운 분위기를 형성해야 한다.

마치 언젠가 몇 번 만난 적이 있는 사이인 것처럼 지극히 일상적인 대화에서부터 시작하여, 참여자의 개인적 욕구를 파악하고 이해하고 공감해 주는 등 신뢰관계 형성에 노력할 필요가 있다. 그러기 위해서는 먼저 참여자에 대한 정보 획득이 사전에 이루어져야 한다. 특히 중도 입국한 다문화 청소년인 경우에는 더욱 그러하다. 먼저 참여자들의 각 나라별 문화적 특성의 차이를 이해해야 하며, 각자가 개인적인 문제나 이야기를 적절하게 표현할 수 있는지 등의 의사소통 능력을 파악해야 한다. 참여자들이 한국어 능력(말하기, 읽기, 쓰기)에 어려움을 호소하는 경우에는 치료 과정 내내 통역을 도와주는 사람이 필요할 수 있다. 첫 세션에서 낯선 분위기와 언어 소통의 어려움까지 겪는다면 참여자들은 심리적으로 더욱 불안감을 느끼고 마음을 열기 어려울 것이기 때문이다. 치료사가 참여자에게 적극적으로 다가가고 관심을 기울이는 등 긍정적인 관계를 형성하는 것은 참여자들로 하

265

여금 프로그램을 통해 자신의 긍정적인 변화를 기대하는 희망을 심어 줄 수 있으며 이후 프로그램의 원활한 진행에 매우 도움이 된다.

'마음 열기'가 자연스럽게 이루어질 수 있는 분위기 속에서 목표를 이루기 위해 선정한 첫 번째 자료는 시 「길이 끝나는 곳에서 길은 다시 시작되고」이다. 구체적인 활동으로는 진로탐색을 돕기 위한 프로그램에 대한 소개와 함께 집단프로그램에 참여하는 동안 지켜야할 규칙을 숙지하고 다짐을 하는 '나의 약속' 서명을 한다. 선정 자료를 다 같이 읽은 후에는 마음에 와 닿는 구절을 골라 이야기 나누기를 하고, 마지막으로 진로에 대한 인식을 점검하기 위한 활동지 '나는 누구인가? 나는 무엇을 하고 싶은가?'를 제시한다. 선정 자료 및 활동에 대한 세부적인 설명은 다음과 같다.

(1) 선정 자료

① 「길이 끝나는 곳에서 길은 다시 시작되고 / 백창우 시 / 신어림」

이 시는 지금까지 걸어 온 길과 다시 걸어갈 길 사이에서 고민하고 방황하는 자신의 모습을 발견하고, 새로운 꿈을 정하거나 목표를 굳게 다져서 다시 걷기 시작하도록 격려하기 위한 목적으로 선정하였다. 실제 참여자들은 고등학생으로 학업을 1년여 남겨두고 장래의 진로문제에 있어서 진학과 취업 중에서 선택을 해야 하는 시기에 놓여 있으며, 중도입국자로서 겪는 사회적 관계의 어려움과 제약, 낯선 가정환경 등 현실적인 요인들까지 고려해야 하는 상황이었다. 선정 자료를 읽고 마음에 와 닿는 구절을 골라 이야기를 하며, 자신의 현실에 당면한 고민을 털어놓고 서로의 마음을 공감할 수 있도록 활용하였다. 선정 자료는 〈참여자 활동자료 1-1〉에 있다.

266

(2) 관련 활동

① '나의 약속' 서명

집단프로그램에 참여하는 참여자들에게는 진로탐색을 돕기 위한 독서치료 프로그램의 필요성과 각 프로그램 진행과정의 세부목표 등에 대하여 알려줄 필요가 있다. 이와 더불어 집단프로그램에 참여하는 동안 지켜야할 규칙을 정하고 이를 다짐을 하는 시간을 갖도록 한다. 프로그램 과정 중에 알게 된 다른 사람의 비밀이나 서로 주고 받은 이야기에 대하여 일체의 비밀을 지키며, 서로의 생각을 존중하고 자신의 생각을 솔직하게 이야기하는 등 프로그램에 적극적으로 참여하겠다는 서약을 받을 필요가 있다. 특히 참여자들은 프로그램에 참여하면서 비밀 보장에 관한 신뢰가 생길 때 비로소 마음의 문을 열게 되며, 솔직하게 자신의 문제와 바라는 것을 이야기하게 된다.

활동자료인 '나의 약속' 서약서의 공란은 참여자 스스로가 지킬 수 있는 약속을 적어 넣도록 한 후 서명을 하도록 한다. 구체적인 활동 자료는 〈참여자 활동자료 1-2〉에 있다.

② 진로에 대한 인식 점검

청소년들이 자기에게 맞는 일과 직업을 선택하기 위해서는 무엇보다도 자기의 성격, 능력, 흥미, 적성, 가치관, 신체적 특성 등에 대하여 올바르게 이해할 필요가 있다. 이러한 자기 인식과 점검은 이후 세션에서 자세하게 다룰 예정이므로, 첫 세션에서는 자신의 진로를 계획하고 꿈을 준비해 나가는데 있어서 자율적인 진로 탐색의 의지가 형성되도록 '나는 누구인가? 나는 무엇을 하고 싶은가?'라는 질문을 가볍게 던져 보는 것으로 시작해보자. 이 활동은 참여자들의 자기 소개의 기회가 될 수 있으며, 활동지에 적은 내용, 적으면서 느낀 점들을 중심으로 자연스럽게 대화를 나누다보면 진로에 대한 인식과

탐색의 필요성을 스스로 느낄 수 있게 될 것이다. 구체적인 활동자료
는 〈참여자 활동자료 1-3〉에 있다.

길이 끝나는 곳에서 길은 다시 시작되고

백창우

이렇게 아무런 꿈도 없이 살아 갈 수는 없지
가문 가슴에, 어둡고 막막한 가슴에
푸른 하늘 열릴 날이 있을 거야
고운 아침 맞을 날이 있을 거야
길이 없다고, 길이 보이지 않는다고
그대, 그 자리에 머물지 말렴
길이 끝나는 곳에서 길은 다시 시작되고
그 길 위로 희망의 별 오를 테니

길을 가는 사람만이 볼 수 있지
길을 가는 사람만이 닿을 수 있지
걸어가렴, 어느 날 그대 마음에 난 길 위로
그대 꿈꾸던 세상의 음악 울릴 테니
지금까지 걸어온 길과 이제부터 걸어갈 길 사이에
겨울나무처럼 그대는 고단하게 서 있지만
길은 끝나지 않았어, 끝이라고 생각될 때
그 때가 바로, 다시 시작해야 할 때인 걸

「길이 끝나는 곳에서 길은 다시 시작되고 / 백창우 시 / 신어림」

나의 약속

나는 우리 모두가 재미있고 유익한 활동을 할 수 있도록 다음 사항을 성실하게 지킬 것을 굳게 약속합니다.

1. 집단 활동에 진지하고 적극적으로 참여하겠습니다.

2. 서로의 개인적인 비밀을 남에게 알리거나 이용하지 않겠습니다.

3. 서로의 생각을 존중하겠습니다.

4. 다른 참여자들의 말을 열심히 듣겠습니다.

5. 프로그램이 끝나는 날 까지 성실하게 시간 및 약속을 잘 지키겠습니다.

6.

20   년   월   일

서명

나는 누구인가?

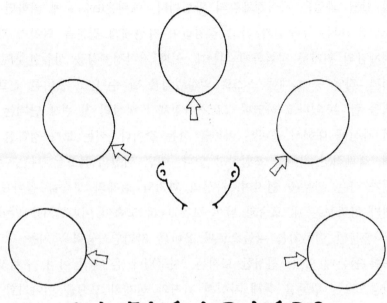

나는 무엇을 하고 싶은가?

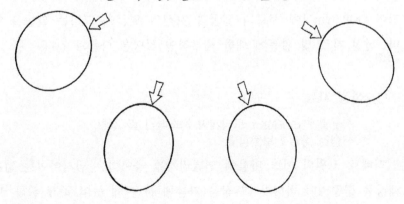

제2회

청소년이 건강한 성인으로 성장하기 위해서 청소년기에 수행해야 할 발달 과업은 자아정체감의 확립이다. 에릭슨(Erikson)에 의하면 청소년은 '나는 누구인가?'라고 끊임없이 자신에게 질문을 던지며 자아정체감의 위기를 경험하게 되는데, 이때 자아정체감을 성취한 사람은 신념, 직업 등에 대해 스스로 의사결정을 할 수 있고 올바른 진로선택을 할 수 있다고 하였다. 그 자아정체감 형성의 첫 번째 단계는 자기 자신에 대해서 올바른 이해를 하는 것이다. 이는 보다 정확한 이해, 객관적인 이해를 포함하고 있다. 이번 세션의 목표는 '나는 누구인가?'라는 질문을 던지며, 자신의 과거와 현재의 모습을 돌아보고, 내가 바라보는 내 모습과 남이 보는 나의 모습이 어떠한지를 알아본 후 충분한 이야기를 나눔으로써 올바른 자기인식능력을 기를 수 있도록 돕는데 있다. 선정한 도서는 「지구별에 온 손님」이며, 구체적인 활동으로는 발문을 통해 자신의 과거와 현재의 모습을 이야기할 수 있도록 하였다. 또한 영상 「자화상」을 보고 난 후, 두 사람이 짝을 지어 OHP film지에 서로의 얼굴과 자신의 얼굴을 그리는 활동을 한다. 선정 자료 및 활동에 대한 세부적인 설명은 다음과 같다.

(1) 선정 자료
① 「지구별에 온 손님 / 모디캐이 저스타인 글·그림,
　　신형건 옮김 / 보물창고」
티베트 고원의 어느 마을에 연날리기를 좋아하는 남자아이는 넓은 세상을 꿈꾸기만 하다가 그 꿈을 가슴에 품은 채 늙어 죽게 된다. 남자아이는 천국으로 가는 길 대신 생전에 꿈꾸었던 넓은 세상에서 새

로운 생명으로 사는 것을 선택하게 된다. 그리고 은하계, 지구, 사람, 나라 그리고 아버지와 어머니, 여자 아이의 삶을 스스로 선택하고 다시 태어나게 된다. 만약 우리는 태어나는 순간부터 스스로가 선택한 삶을 살아가고 있는 것이라면, 지금의 나는 전생에 그토록 꿈꾸던 그런 삶을 살고 있는 것일까? 이 책은 꿈을 꿈으로만 간직하다가 늙어버린 주인공이 다시 주어진 삶의 선택의 순간에 그 꿈을 다시 이루고자 신중하게 삶을 한 단계씩 선택하는 과정에 초점을 맞추어 발문을 이끌어볼 수 있다. 주인공의 삶과 동일시를 통해서 과연 나 자신은 과거와 현재에 어떤 선택을 하면서 살아오고 있는지를 돌아보면서 반성과 다짐을 통해 자기인식을 경험하게 될 것이다. 중도입국의 경험을 가진 참여자들은 자신의 과거와 현재를 한국에 입국하기 이전과 이후의 생활로 구분 짓기도 한다. 자의 또는 타의에 의해서 어릴 적부터 살아 온 익숙한 생활권을 벗어나 한국에서의 새로운 삶을 선택하기까지의 과정을 이야기하며, 자신의 과거, 현재의 경험이 진로 선택과 진로 문제에 어떤 연관성이 있으며 영향을 끼치고 있는지 스스로 탐색할 수 있는 기회가 되기 때문이다.

② 「자화상 / 유니레버 도브 광고」

위 영상은 유니레버 도브 'Real Beauty Sketches' 캠페인 광고로, 법의학 아티스트 전문가에게 7명의 여성을 대상으로 생김새에 대한 설명만 듣고 스케치를 하도록 하였다. 얼굴은 보지 않은 채 모델 본인과 그녀를 본 다른 사람의 설명만을 듣고 각각의 얼굴을 그린 후 이두 장의 자화상를 비교하는 과정을 통해 '당신은 당신이 생각하는 것보다 아름답습니다.'라는 메시지를 전달하고 있다.

(2) 관련 활동

① 나는 누구인가? - 내가 보는 나, 남이 보는 나

자화상을 통한 '나는 누구인가'에 대한 자아의 정체성 확인은 외형적인 면뿐만이 아니라 자신의 내면속의 자아를 인식하고 담을 수 있다. 멕시코 출신의 화가 프리다 칼로(Frida Kahlo, 1907~1954)의 자화상들을 보면 그녀가 얼마나 고통과 상처를 가지고 살아왔으며 간절히 원하던 것이 무엇인지를 어렴풋이 이해할 수 있을 것이다. 자화상은 단지 그림으로 얼굴을 드러내는 것이 아니라 사람의 마음과 정서가 나타난다고 하였다. 이러한 활동은 자신이 스스로를 어떻게 바라보고 있었는지를 깨닫게 되는 계기가 될 수 있다. 또한, 다른 사람이 자신을 그려준 그림을 통해 자신이 다른 사람에게 어떤 모습으로 보이는지를 파악할 수 있으며, 이러한 다른 시선을 통해 또 다른 나의 모습을 새로이 알게 되기도 한다.

우선 두 사람이 짝을 지어 마주보고 앉은 후, 한 사람은 A4크기의 투명한 OHP film지를 상대방의 얼굴에 대고 펜을 이용하여 보이는 그대로의 모습을 그려준다. 나머지 한 사람은 자신의 얼굴이 그려지는 동안 양손으로 film지를 잡아주기만 하면 된다. 서로의 얼굴을 그려준 후에는 거울을 보면서 또 한 장의 OHP film지에 각자 자신의 얼굴을 그려 넣는다. 각 그림의 여백에는 상대방과 자신에 대해 느낀 인상이나 감정을 적는다. 두 장의 그림이 완성이 되면 자신의 앞에 두 그림을 나란히 펼쳐놓고 자신의 얼굴을 서로 비교해 보며 느낌을 이야기 해 보도록 하자. 이 활동은 참여자 자신에 대한 객관적인 이해를 도와주며, 외모뿐만이 아니라 자신을 바라보는 다양한 시각을 인지하고 자신을 긍정적으로 인식할 수 있도록 도움을 줄 것이다. 또한 치료사는 '나는 누구인가?'라는 물음을 다시 던져보며 새롭게 알게 된 자신의 모습에 대해 참여자들이 이야기 할 수 있도록 격려해 보자. 다음 자료는 실제로 OHP film지를 활용하여 활동을 한 사진이다.

〈프로그램에서 실제로 진행한 자화상 그리기의 예,
내가 보는 나(좌), 남이 보는 나(우)〉

제3회 자기 인식 2
〈나는 무엇을 하고 싶은가? 꿈 목록 작성하기〉

참여자들은 각기 다른 진로 욕구와 문제를 가지고 진로탐색 프로그램에 참여를 한다. 샘슨 등(Sampson et al., 1992)은 진로 의사결정 정도에 따라 진로 결정자, 진로 미결정자, 진로 무결정자로 구분한 바 있다. 각 분류에 따른 특징을 살펴보면 다음과 같다.

첫째, 진로 결정자(the decided)는 자신의 선택이 잘 되었음을 명료화하길 원하는 사람이거나 자신의 선택을 이행하기 위해서 도움을 필요로 한다.

둘째, 진로 미결정자(the undecided)는 자신에 대한 이해나 직업, 의사결정을 위한 지식이 부족한 사람이거나 다양한 능력으로 진로 결정의 어려움을 호소한다.

셋째, 진로 무결정자(the indecisive)는 생활전반에 걸쳐 불안을 동반한 참여자로 결정을 쉽게 하지 못하는 높은 수준의 우유부단함과 성격적인 문제를 가지고 있다.

그러므로 진로 문제에 대한 다양한 특성과 욕구를 중심으로 참여자를 분류하여 자료를 선정하고 발문을 준비한다면 프로그램의 효율성을 높일 수 있을 것이다. 또한 다양한 참여자들의 특성을 이해하며 진로 탐색을 돕는 것은 치료사가 갖추어야 할 기본자세이기도 하다. 이번 세션의 목표는 참여자들이 갖고 싶은 것, 하고 싶은 것, 되고 싶은 것 등 다양한 욕구를 인식하고 드러내어 표현할 수 있도록 기회를 주는데 있다. 선정한 자료는 「성공은 꿈에 의해 결정 된다」이며 대전광역시교육지원청에서 편집한 프레젠테이션 자료이다. 또한 도서 「오바마 대통령처럼 큰 꿈에 도전할 거야」의 본문을 발췌하여 함께 사용하였다. 관련 활동으로 해야 할 것, 갖고 싶은 것, 하고 싶은 것, 되고 싶은 것들의 꿈 목록을 적고 구체적인 계획을 세워보도록 하였다. 선정 자료 및 활동에 대한 세부적인 설명은 다음과 같다.

(1) 선정 자료

① 「성공은 꿈에 의해 결정 된다-버락 오바마 / 대전광역시교육지원청」
「오바마 대통령처럼 큰 꿈에 도전할 거야 /
이혜경·박로사 지음 / 명진출판사」

흑인, 부모의 이혼으로 술과 마약에 의존하던 청소년 시기의 오바마는, 자신을 뭔가 쓸모 있는 사람으로 바꾸고 싶다는 목표를 세우고 자신에 대한 긍정적인 사고의 전환을 이루며 한계에 도전을 시작한다. 사회적인 인종차별과 편견으로 방황하던 오바마가 한계를 극복하고 미국의 대통령이 될 수 있었던 힘은 희망과 신념, 꿈이 있었기 때문이다. 이 자료는 꿈을 크게 가지고 열심히 노력하면 그 꿈에 도달할 수 있다는 메시지를 통해, 참여자들이 자신의 목표를 세우고 그 꿈을 이루겠다는 희망과 신념을 갖도록 동기를 부여하는데 매우 적절하다. 이와 더불어 참여자들이 자신과 같은 꿈을 이루었거나 닮고 싶은 멘토에 대해서도 함께 이야기할 수 있도록 이끌어 줄 필요가 있다.

(2) 관련 활동

① 나는 무엇을 하고 싶은가? - 꿈 목록 작성하기

존 고다드는 2013년에 89세의 나이로 죽기 전까지 500개의 꿈 목록을 작성하여 127개의 꿈을 이루어 낸 인물이다. 그는 꿈꾸는 많은 청소년에게 이렇게 말을 하였다. "꿈을 이루는 가장 좋은 방법은 목표를 세우고, 그 꿈을 향해 집중하는 거야. 그렇게 하면 단지 희망사항이었던 것이 꿈의 목록으로 바뀌고, 다시 그것이 해야만 하는 일의 목록으로 바뀌고 마침내 이루어낸 목록으로 바뀐단다. 꿈을 가지고 있기만 해서는 안 돼. 꿈은 머리로 생각하는 것이 아니란다. 가슴으로 느끼고 손으로 적어 발로 뛰는 게 꿈이지." 도서 「존 아저씨의 꿈의 목록」에서 발췌한 본문의 내용을 읽어 주며, 활동지에 해야 할 것, 갖고 싶은 것, 하고 싶은 것, 되고 싶은 것들의 꿈 목록을 적어보고 그 꿈을 이루기 위한 구체적인 계획을 함께 세워보도록 하자. 구체적인 활동자료는 〈참여자 활동자료 3-1〉에 있다.

〈참여자 활동자료 3-1〉

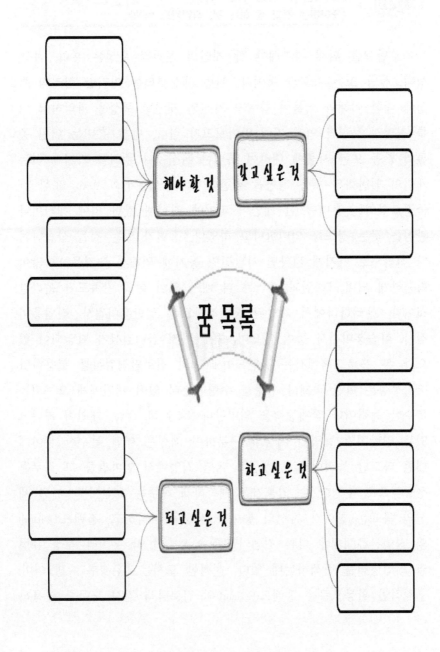

제4회 자기 점검 - 흥미와 적성
〈좋아하는 것과 잘 하는 것, 직업카드 탐색〉

진로탐색을 위해 평가해야 할 개인의 심리적 특성은 흥미, 적성, 성격, 신념 또는 가치관 등이다. 이번 세션부터는 이러한 심리적 특성에 대한 이해와 더불어 참여자 자신의 개인별 특성을 파악하고 이를 직업적 특성과 연결 지어 알아보고자 한다. 먼저, 흥미는 어떤 종류의 활동 또는 사물에 대하여 특별한 관심이나 주의를 가지게 하는 개인의 일반화된 행동 경향을 말한다(장대운, 김충기 외, 1996). 또한 한국진로학회는 흥미를 한 개인이 과거에 경험해 봤던 일에 애착이나 관심을 갖는 정도를 의미한다고 하였다. 흥미가 있는 것을 학습하거나 직업으로 가지게 된다면 자발적인 동기에 의해서 그것을 더 많이 학습하게 되며, 그 결과 흥미는 더 배가 되어 삶의 만족도가 올라갈 것이다. 우리나라에서 개발된 흥미검사로는 일반흥미검사, 직업흥미검사, 학습흥미검사 등이 있으며, 여러 가지 심리검사가 발달되어 있으나 본 프로그램에서는 홀랜드(Holland)의 진로탐색검사를 활용하였다. 적성은 어떤 과제나 임무를 수행하는데 있어 개인에게 요구되는 특수한 능력이나 잠재능력을 의미한다(장대운 외, 1996). 개인이 지니고 있는 일반적인 능력인 지능과 구분하여 적성은 어떤 특수한 분야에 대한 타고난 능력이므로, 개인이 어떤 직업에서 얼마만큼 그 직무를 성공적으로 수행할 수 있을지를 예측하게 해주는 요인이다. 이번 세션의 목표는 참여자 자신의 흥미와 적성을 파악하고, 홀랜드(Holland)의 직업분류체계에 따른 직업카드를 이용하여 각 흥미와 적성 유형별 직업영역을 탐색하는데 있다. 선정한 도서는 「우체부 슈발」이며, 구체적인 활동으로는 홀랜드(Holland)의 진로탐색 검사 도구를 활용하여 RIASEC 각 유형별 특성을 파악하고 난 후 직업카드분류 활동을 하였다. 선정 자료 및 활동에 대한 세부적인 설명은 다음과 같다.

(1) 선정 자료

① 「우체부 슈발 / 오카야 코지 글, 야마네 히데노부 그림,
   김창원 옮김 / 진선출판사」

"궁전을 짓기 위해서 돌을 모으는 것은 저의 취미입니다." 프랑스의 오트리브 마을에 사는 페르디낭 슈발은 평범한 우체부이다. 매일 같은 경치만을 바라보며 우편물을 배달하던 슈발은 언제부턴가 궁전, 탑, 성채 등을 상상하며 걷던 중 자연에서 독특한 돌을 주워 모으면서 상상속의 궁전을 실제로 짓기 시작한다. 마음속에 품은 꿈의 궁전을 실제로 완성하기까지 33년의 시간이 걸리고 주변 사람들의 이상한 시선을 받아야 했지만, 슈발은 꿈에 대한 열정을 가지고 그 꿈을 이루기 위해 노력하였고 마침내 '꿈의 궁전'이 현실로 이루어지게 된다. 이 책은 자신이 흥미를 갖고 좋아하는 일에서 출발하여 상상속의 꿈을 실제로 이루어낸 슈발의 삶을 통해 자신은 무엇을 좋아하고 잘 할 수 있는지, 그리고 그것을 꿈, 진로, 직업과 연결 지어 생각해보는 시간을 갖기 위한 목적으로 활용하였다.

(2) 관련 활동

① 좋아하는 것과 잘 하는 것

홀랜드(Holland)의 진로탐색 검사 도구를 활용하여, 자신은 어떤 종류의 일이나 활동을 좋아하고 하고 싶은지, 무엇을 잘 할 줄 알고 어떤 능력이 있는지를 알아보기로 하자. 이 검사는 홀랜드(Holland)의 직업성격유형 이론에 기초하고 있으며, 홀랜드(Holland)는 사람들의 성격유형과 그들의 생활환경을 각각 실재형, 탐구형, 예술형, 사회형, 기

업형, 관습형의 여섯 가지로 구분하고, 개인의 행동은 성격특성과 환경 특성의 상호작용에 의해 결정된다고 가정하였다(Holland, 1985). 즉, 각 직업 환경에는 그 성격유형에 일치하는 사람들이 머물고 있다는 것이다. 사람들은 자신의 흥미와 능력, 기술을 발휘하고 자신에게 맞는 역할을 수행할 수 있는 환경을 찾기 때문이다. 앞에서 언급한 여섯 가지 유형에 대해 간단히 설명을 하면 다음과 같다.

첫째, 실재적 유형은 기계, 도구, 동물에 관한 체계적인 조작활동을 좋아한다. 이 유형의 사람은 공격적이고 운동신경이 발달한 것이 특징이며. 기술자가 이 유형에 속한다.

둘째, 탐구적 유형은 분석적이고 호기심이 많고 조직적이며 정확하다. 또한 과업 지향적인 추상적인 일을 즐기며 대표적인 직업은 과학자, 의사이다.

셋째, 예술적 유형은 표현이 풍부하고 독창적이며 비순응적이다. 예술적 매체를 통한 자기표현 욕구가 강한 음악가와 미술가가 이에 속한다.

넷째, 사회적 유형은 다른 사람과 함께 일하거나 다른 사람을 돕는 것을 즐기며 언어능력 및 대인관계기술이 뛰어나다. 사회복지사, 교육자, 상담사는 사회적 유형이다.

다섯째, 설득적 유형은 조직 목표나 경제적 목표를 달성하기 위해 타인을 관리, 조종하는 활동을 즐긴다. 타인을 지배하거나 설득에 뛰어나며 권력, 지위에 관심이 많은 기업경영인, 정치가가 설득적 유형이다.

여섯째, 관습적 유형은 체계적으로 자료를 잘 처리하고 기록을 정리하거나 자료를 재생산하는 것을 좋아한다. 경제 분석가, 은행원, 컴퓨터 프로그래머 등이 이에 속하는 유형이다.

검사결과를 해석할 때 반드시 유의할 점이 있다. 결과 해석 자체보다는 해석을 통해 자신의 이해를 높이는 것이 중요하며, 한 가지의 검사로만 단정을 지을 것이 아니라 이용 가능한 다른 정보들과 관련지어 결과를 해석하는 것이 중요하다. 홀랜드(Holland)의 진로탐색 검사를 실시한 후에도 그 유형 결과를 단정하여 규정짓지 말고 자신의 내·외적인 환경에 따라 계속 변화할 수 있는 가능성이 있음을 제시할 필요가 있다. 구체적인 활동자료는 〈참여자 활동자료 4-1〉에 있다.

② 직업카드 분류활동

직업카드는 직업에 대한 흥미를 탐색하고 다양한 직업세계에 대한 정보를 제공하기 위해 개발된 도구이며, 자신의 흥미와 적성에 따른 직업유형을 살펴봄으로써 진로 및 직업과 관련한 다양한 정보를 얻을 수 있다. 각 직업카드에는 홀랜드(Holland)의 직업분류체계에 따라 RIASEC의 6가지 유형을 대표하는 직업들이 적혀있으며, 각 직업 환경이 필요로 하는 능력, 지식, 성격, 흥미, 자격, 관련 전공학과 등이 함께 기록되어있다. 참여자들에게 별도의 활동지를 제공하여 자신의 직업흥미를 탐색하고 관심 있는 직업의 세부적인 정보를 찾아 정리할 수 있도록 도울 필요가 있다. 구체적인 활동자료는 〈참여자 활동자료 4-2〉에 있다.

나는 이런 활동이 좋아요(흥미)

여러분은 어떤 종류의 일이나 활동을 하는 것을 좋아하며, 앞으로 하고 싶은가요?

다음 항목에서 해당하는 내용을 고른 후 여백에 O표를 해 주세요. 그리고 6가지의 각 유형별로 O표의 개수를 세어 괄호 안에 적어 주세요.

실재형-R계(   )
1. 부속품들을 맞추어서 복잡한 기계를 조립한다.
2. 고장 난 라디오나 텔레비전을 수리한다.
3. 공장에서 작업복을 입고 자동차를 수리한다.
4. 운동경기를 한다.
5. 기술자가 되어 공장에서 남에게 기술을 가르친다.
6. 컴퓨터를 조립한다.
7. 집에서 전기가 고장 난 곳을 찾아내어 직접 고친다.
8. 채소를 심고 가꾼다.
9. 모형비행기를 만들거나 조립한다.
10. 가정에서 사용하는 전기제품을 고친다.

탐구형-I계(   )
1. 동물이나 식물의 살아가는 모습을 관찰, 연구한다.
2. 암세포의 원인을 밝히는 연구를 한다.
3. 새로운 수학 공식을 만들어 내기 위해 연구한다.
4. 의사가 되어 환자의 질병의 원인을 찾아낸다.
5. 과학실에서 온 종일 실험을 한다.
6. 연구실에서 연구논문을 쓴다.
7. 지구의 역사를 알아내기 위해 바위와 돌을 분석, 연구한다.
8. 학자가 되어 학문을 깊이 연구한다.
9. 도서실에서 많은 책을 읽는다.
10. 새로운 과학연구 결과를 소개하는 과학 잡지의 기사를 쓴다.

예술형-A계(   )
1. 아이들이 좋아하는 만화를 그린다.
2. 누구나 좋아할 수 있는 동시나 동화를 쓴다.
3. 예술가들의 생활에 관한 전기를 읽는다.
4. 미술 전람회나 음악회에 간다.
5. 가수가 되기 위해 노래 연습을 한다.
6. 예술가 모임에 참석하여 작품에 관한 이야기를 듣는다.
7. 아름다운 그림을 감상하거나 음악을 듣는다.
8. 예술 사진을 찍는다.
9. 상점의 실내를 아름답게 장식한다.
10. 연속방송극의 드라마 각본을 쓴다.

사회형-S계(   )
1. 유치원에서 아이들을 가르친다.
2. 어린이들을 귀여워하고 잘 보살피는 일을 한다.
3. 장애가 있는 아이들을 가르치는 선생님이 된다.
4. 아이들에게 재미있는 이야기를 해 준다.
5. 가난하고 병든 사람들을 도와준다.
6. 어려운 사람들을 돕는 단체에서 일한다.
7. 양로원에 봉사하러 간다.
8. 불쌍한 사람들을 돕는 일을 한다.
9. 병원의 간호사로 환자들을 보살핀다.
10. 어린이집에서 어린이를 돌보는 일을 한다.

설득형-E계(   )
1. 물건을 파는 사람들(종업원)의 관리 책임자가 된다.
2. 법관이 되어 죄인들을 재판한다.
3. 경찰이 되어 도둑을 잡으러 찾아다닌다.
4. 많은 사람들을 관리하고 책임지는 회사사장이 된다.
5. 힘 있고 능력 있는 지도자로서 일한다.
6. 정치가가 되어 반대편의 사람들과 경쟁을 한다.
7. 회장이 되기 위해 선거운동을 한다.
8. 상품을 다른 사람들보다 더 많이 파는 일을 한다.
9. 새로운 상품을 거리에 나가서 선전하고 판매한다.
10. 많은 사람들 앞에서 나의 올바른 의견을 주장한다.

	관습형-C계( )
	1. 용돈을 어디에 사용했는지 일일이 기록, 정리한다.
	2. 일기를 거의 매일 쓴다.
	3. 창고관리인으로 물건의 입출을 확인한다.
	4. 은행에서 정확하게 돈을 받고 내주는 일을 한다.
	5. 공무원이 잘못되지 않도록 감시하는 일을 한다.
	6. 유명한 사람의 비서가 되어 일한다.
	7. 컴퓨터 타자를 쳐서 깔끔하게 문서를 정리한다.
	8. 국제공항세관에서 밀수품을 검사하는 일을 한다.
	9. 법원재판 때 사람들의 말을 빠르게 받아쓰는 일을 한다.
	10. 상점에 들어온 물건의 개수, 가격을 정확히 확인한다.

위의 합계점수가 가장 높은 유형은 무엇인가요? O표해 보세요.

영역	R	I	A	S	E	C

나는 이런 일을 할 수 있어요(적성)

여러분은 어떤 종류의 일이나 활동을 잘 할 수 있으며, 어떤 능력이 있나요?

다음 항목에서 해당하는 내용을 고른 후 여백에 O표를 해 주세요. 그리고 6가지의 각 유형별로 O표의 개수를 세어 괄호 안에 적어 주세요.

실재형-R계( )	
	1. 장난감이 고장 나면 잘 고친다.
	2. 몸으로 하는 일은 무엇이든지 재빠르게 할 수 있다.
	3. 집에서 무엇이 고장 나면 고치기 위해 뜯어보곤 한다.
	4. 망치나 드라이버 등 도구를 잘 다루는 편이다.
	5. 책읽기보다는 밖에서 하는 활동적 놀이나 운동이 좋다.
	6. 조립품을 맞추거나 만들기를 잘한다.
	7. 거친 운동이라도 무서워하지 않고 잘한다.
	8. 오랫동안 몸으로 힘든 일을 하더라도 잘 견딜 수 있다.
	9. 축구, 농구 등과 같은 운동을 잘한다.
	10. 하루 종일 걷는 등산을 가도 잘 해낼 것이다.

탐구형-I계( )	
	1. 머리가 똑똑하다.
	2. 과학과목을 잘 한다.
	3. 학업 성적이 우수하다.
	4. 책 읽는 속도가 빠른 편이다.
	5. 무엇이든 이유를 따져보는 습관이 있다.
	6. 사물이나 사건을 관찰하고 원인을 따져 본다.
	7. 말을 논리적이고 조리 있게 잘 한다.
	8. 많은 것을 알고 싶어 하며 호기심이 강하다.
	9. 수학 응용문제를 잘 푼다.
	10. 무엇이든 분석하고 원인을 생각해 보는 편이다.

예술형-A계(   )
1. 그림을 잘 그린다.
2. 글짓기를 잘 하는 편이다.
3. 음악이나 무용에 소질이 있다.
4. 나는 쉽게 울고 웃는 감정이 풍부한 사람이다.
5. 예능에 소질이 있다는 말을 듣는다.
6. 나는 아름다운 것에 쉽게 감동한다.
7. 나는 상상력이 풍부하다.
8. 나는 창의성이 높은 편이다.
9. 나는 아름다움에 대하여 매우 예민한 사람이다.
10. 예술분야에 대하여 친구들보다 더 많이 알고 있다.

사회형-S계(   )
1. 나는 아이들을 잘 가르칠 수 있다.
2. 남에게 인정을 잘 베푼다.
3. 어려운 사람을 보면 불쌍한 마음이 들어 도와준다.
4. 다른 사람들에게 이해심이 많고 잘 도와준다고 알려져 있다.
5. 모임에서 편안한 분위기가 되도록 신경을 쓴다.
6. 불쌍한 사람을 보면 도와주고 싶은 마음이 생긴다.
7. 어려운 처지에 있는 사람의 마음을 들어주고 이해할 수 있다.
8. 친구들의 고민을 잘 들어주고 위로해 준다.
9. 당황해 하는 사람을 보면 편안하게 해 주려고 한다.
10. 다른 사람이 옳지 못한 생각을 하더라도 이해해 보려한다.

288

	설득형-E계(　　　)
	1. 말을 요령 있게 잘한다.
	2. 집단에서 중요한 결정은 내가 내릴 때가 많다.
	3. 다른 사람들을 말로 잘 설득한다.
	4. 다른 사람을 이끌어가는 지도력이 있다.
	5. 친구들을 나의 뜻대로 잘 이끌어가는 편이다.
	6. 많은 사람들 앞에서도 의견을 말하고 발표를 잘 할 수 있다.
	7. 상품판매원이 된다면 남보다 잘 할 자신이 있다.
	8. 경쟁이 될 때 오히려 일을 잘하는 편이다.
	9. 모르는 사람과도 하고 싶은 말을 잘 할 수 있다.
	10. 친구나 어린아이들을 다루는 능력이 뛰어나다.

	관습형-C계(　　　)
	1. 종이접기나 뜨개질 등 소품을 만드는데 소질이 있다.
	2. 나의 소지품 정리정돈을 잘한다.
	3. 부모님이나 선생님의 의견을 잘 따른다.
	4. 세밀하고 꼼꼼한 일을 잘 할 수 있다.
	5. 물건이나 돈을 아껴서 사용한다.
	6. 용돈을 계획적으로 잘 사용한다.
	7. 무슨 일을 할 때는 미리 계획을 세워서 하는 편이다.
	8. 약속한 것을 잊어버리지 않고 잘 지킨다.
	9. 일을 할 때 정해진 대로 하기를 원한다.
	10. 나에게 맡겨진 일은 정확히, 빈틈없이 한다.

위의 합계점수가 가장 높은 유형은 무엇인가요? O표해 보세요.

영역	R	I	A	S	E	C

홀랜드(Holland)의 직업분류체계에 따른 직업카드 활동지

직업카드분류 활동은 직업카드를 이용하여 자신이 흥미 있는 직업과 관련된 다양한 정보를 탐색하는 활동입니다.

1. 직업의 분류단계

여러분이 가지고 있는 직업카드를 '좋아하는 직업', '싫어하는 직업', '결정할 수 없는 직업'의 세 가지로 분류해 보세요.

2. 직업 선택의 이유 찾기

1) 직업카드를 좋아하는 이유가 같은 것 끼리 분류하고, 그 이유와 직업명을 적어보세요.

순위	좋아하는 이유	직업명
1		
2		
3		
4		
5		

2) 직업카드를 싫어하는 이유가 같은 것 끼리 분류하고, 그 이유와 직업명을 적어보세요.

순위	싫어하는 이유	직업명
1		
2		
3		
4		
5		

3. 결과 요약

1) 내가 좋아하는 직업의 특징은 _____

2) 내가 싫어하는 직업의 특징은 _____

3) 내가 좋아하는 직업들의 홀랜드 직업분류 유형은? _____

4) 내 성격과 비슷한 홀랜드 직업분류 유형의 직업은? _____

5) 직업분류 카드 활동을 통해 새롭게 알게 된 점이나 느낀 점은?

_____

_____

성격은 선천적으로 타고난 기질과 부모의 양육방식 등의 후천적인 요인이 상호작용함으로써 각 환경에 대해 사람들마다 서로 다른 독특한 형태로 발달한다. 성격과 직업과의 관계는 홀랜드(Holland)의 직업성격유형에 기초한 진로탐색검사에서 다룬 바가 있으므로, 이번 세션에서는 자신의 성격 중에서 장점과 단점에 대해 알아보고 이를 자신 있게 드러내는 연습을 하려고 한다. 어떤 성격이든 장점과 단점을 동시에 가지고 있다. 이러한 장점과 단점을 인식하는 과정에서 나는 어떤 사람이고 무엇을 할 수 있는지를 알게 된다. 사람들은 보통 자신의 단점을 드러내기를 좋아하지 않으며, 뜻하지 않게 단점이 드러났을 때에는 이를 재빨리 감추려고 한다. 물론 다른 사람 앞에서 자신의 단점을 드러내기란 쉽지 않다. 어느 정도의 용기가 필요하다. 단점 또한 그저 독특한 하나의 성격일 뿐이라는 인식을 갖고 스스로 자신의 단점을 인정하고 드러내는 순간 자신감이 생기며 단점을 더 이상 단점으로 인식하지 않는다는 것은 경험을 통해야 비로소 알 수 있을 것이다. 이번 세션의 목표는 단점을 자신 있게 드러내고 긍정의 말로 바꾸는 경험을 통해 단점 또한 자신의 성격임을 받아들이고 자신을 긍정적으로 바라볼 수 있는 시각을 갖도록 하는데 있다. 선정한 도서는 「내 꼬리」와 「애니메이션 : 단점을 장점으로 승화-제트블루 CEO 데이비드 닐먼」이며, 구체적인 활동으로는 활동지에 자신의 단점을 적고 서로 바꾸어 읽어본 후 이를 장점으로 변화시킬 수 있는 긍정의 댓글을 달아주는 것이다. 선정 자료 및 활동에 대한 세부적인 설명은 다음과 같다.

(1) 선정 자료

① 「내 꼬리 / 조수경 글그림 / 한솔수북」

아침에 일어난 지호는 자신의 바지를 비집고 나온 꼬리를 발견하고는 깜짝 놀란다. 꼬리를 바지 속에 쑤셔 넣어보기도 하고 아빠의 옷으로 가려보지만 가려지지 않는다. 할 수 없이 꼬리를 손으로 가린 채 걱정을 하며 학교로 간 지호. '안 들켜야 할 텐데' 걱정하면 할수록 꼬리는 쑥쑥 자라는데 학교에서 만난 민희에게 "내 꼬리 봤어?"라고 물었더니 민희는 "내 수염 봤어?"라고 되묻는다. 교실에는 코끼리 코의 친구, 오리 입을 가진 친구, 집게손의 친구들이 가득하다. 주인공 지호의 이야기는 누구나 갖고 있는 걱정거리를 꼬리로 표현하여 남과 달라서 생기는 열등감이나 고민, 숨기고 싶은 단점은 자신이 마음먹기와 생각에 따라서 별게 아닐 수 있으므로 용기를 내어 드러낼 수 있도록 도와주고 있다.

② 「애니메이션 : 단점을 장점으로 승화-제트블루 CEO 데이비드 닐먼」

미국 항공사 제트블루의 창업자인 데이비드 닐먼은 어렸을 적 주의력결핍과잉행동장애(ADHD)를 진단 받았다. ADHD는 집중력이 떨어지고 충동적이며 공격적으로 제대로 관리하지 못하면 사회 부적응자가 되기 쉽다. 그러나 이러한 단점 이면에는 뛰어난 창의력을 보이며 빠른 시간 안에 문제를 해결하는 능력과 열정, 모험정신, 탁월한 위기관리능력 등으로 기발한 사업 아이디어를 창출하는 CEO의 기질이 있다. 데이비드 닐먼은 언론과의 인터뷰에서 이렇게 말했다. "누가 나에게 ADHD를 치료하고 평범하게 살고 싶은지 묻는다면 나는 평생 ADHD를 가지고 살겠다고 답하겠다." 이렇게 자신의 단점을 크게 보기보다는 그 이면의 장점을 살려 승화시키는 데이비드 닐먼의 이야기는 참여자들이 자신의 단점을 장점으로 변화시켜 바라볼 수 있는 긍정적인 시각을 형성하는데 도움을 줄 것이다.

(2) 관련 활동

① 단점 드러내기 및 바꾸기

긍정적이거나 좋아서 자랑하고 싶은 성격을 장점이라고 하고, 잘못되고 모자라서 고치고 싶은 성격은 단점이라고 한다. 이러한 자신의 단점을 인정하고 장점으로 승화시키거나 바꾸는 연습을 해보자. 그 방법으로는 기존의 생각 바꾸기, 긍정적으로 생각하기, 다른 사람과 자신을 비교하지 않기 등이 있다. 참여자가 긍정의 단어를 사용하는 데 익숙하지 않은 경우에는 이해를 돕기 위해서 적당한 예시를 들어줄 필요가 있다. '급한 성격 → 일의 추진력이 빠르다.', '우유부단한 성격 → 신중하다.', '소심한 성격 → 실수가 적고 정확하다.', '내성적인 성격 → 생각을 진지하게 한다.' 등이 그 예이다. 먼저 활동지에 자랑하고 싶은 성격(장점)과 고치고 싶은 성격(단점)을 적고 참여자들이 서로 바꾸어 읽어보게 한다. 그리고 상대방의 장점은 충분히 인정해주고 단점은 장점으로 승화시킬 수 있는 긍정의 댓글을 하단에 달아주도록 한다. 이러한 활동은 통해 각자의 생각과 관점에 따라서 단점이 장점으로 변화될 수 있으며, 기존에 생각 해왔던 자신의 단점 또한 독특한 성격임을 받아들이는 등 자신을 긍정적으로 생각할 수 있는 시각을 갖도록 하려는 취지에서 선정하였다. 구체적인 활동자료는 〈참여자 활동자료 5-1〉에 있다.

<참여자 활동자료 5-1>

단점을 장점으로

1. 자랑하고 싶은 나의 성격(장점)을 적어 보세요.

	장점
장점 1	
장점 2	
장점 3	
장점 4	
장점 5	

2. 고치고 싶은 나의 성격(단점)을 적어 보세요.
- 친구의 단점을 장점으로 변화시킬 수 있는 긍정의 댓글 달기

	단점
단점 1	
▶긍정의 댓글	
단점 2	
▶긍정의 댓글	
단점 3	
▶긍정의 댓글	
단점 4	
▶긍정의 댓글	
단점 5	
▶긍정의 댓글	

제6회

　가치관이란 어떤 특정한 상황에서 선택이나 결정을 내려야할 때 옳고 그름의 판단의 기준이 되는 원리나 믿음 또는 신념을 말한다. 개인은 자신이 품고 있는 가치관에 따라 삶의 의미와 목적을 추구하며 살아가기 때문에 이러한 개인적 가치관은 인생관, 직업적 가치관 형성에도 중요한 방향키와 같은 역할을 하게 된다. 특히 개인이 지향하는 가치의 특성에 따라 직업을 선택하게 되므로 진로를 결정하는 과정에서 반드시 직업에 대한 올바른 가치관을 확립할 필요가 있다. 이번 세션에서는 인생의 가치와 직업적 가치에 대해 알아보는 가치관 탐색의 시간을 가질 것이다. 그러기 위해서 먼저 '가치'라는 단어의 의미를 이해하고 자신의 가치에 대한 인식을 높일 필요가 있다. 이번 세션의 목표는 자신에게 중요한 인생의 가치와 직업적 가치를 인식하고 이를 통해 올바른 가치관의 확립을 돕는데 있다. 선정한 자료는 영상 「나의 가치」와 도서 「아름다운 가치사전」이며, 구체적인 활동으로는 젠가를 이용한 가치획득게임, 가치관 탐색 활동을 하였다. 선정 자료 및 활동에 대한 세부적인 설명은 다음과 같다.

(1) 선정 자료
　① 「나의 가치 / 노을 / 두뇌의 힘을 키우는 카페」
　어느 강연자가 강의 도중에 갑자기 수표를 꺼내어 청중에게 묻는다. "이 돈을 가질 사람?" 대부분의 청중이 손을 들자 이번에는 수표를 손으로 구기고 발로 밟은 후에도 묻는다. 그럼에도 불구하고 계속 손을 드는 청중들을 향해 강연자는 이야기를 이어간다. "여러분은 수

표가 구겨지고 더러워져도 그 가치는 변하지 않는다는 것을 잘 알고 있군요. '나'의 가치도 마찬가지입니다. 실패하고 사회의 바닥으로 내팽개치더라도 좌절하지마세요. 당신의 가치는 다른 무엇보다도 소중합니다." 이 영상은 자신의 삶 즉, 다른 사람들과의 관계, 시간관리, 자신의 행동습관 등 다양한 부분에서 소중한 가치를 찾아내고, 자신의 가치를 높이는 방법에 대해 생각해 보기 위한 목적으로 활용하였다. 그러므로 영상을 보고 난 후 자신의 가치를 찾아 이야기하고 가치를 높이는 방법에 대해 발문을 이끌어 보자. 각자 자신만의 방법을 이야기하며 함께 공감하는 부분이 생길 것이다.

② 「아름다운 가치사전 / 채인선 글, 김은정 그림 / 한울림어린이」

우리의 일상생활 속에서 사랑, 믿음, 약속, 용기 등의 24가지의 가치를 찾아내고, 이를 아이들의 눈높이와 정서에 맞게 풀어낸 가치 사전이다. '공평이란 교실에서 눈이 나쁜 아이가 앞에 앉고 눈이 좋은 아이가 뒤에 앉는 것'이란 정의는 자칫 추상적일 수 있는 가치 단어의 의미를 쉽게 이해할 수 있도록 풀이를 해 놓은 예이다. 또한 책을 읽는 독자 스스로가 가치단어를 직접 재정의 내릴 수 있도록 하여 자신이 내린 가치의 정의를 모아 가치 사전을 새롭게 만들어볼 수도 있다. 24가지의 가치 중에서 어느 한 가지라도 소중하지 않은 것이 없다. 가치사전을 통해 나의 가치, 내 인생의 가치를 정리해 볼 수 있는 소중한 기회가 될 것이다.

(2) 관련 활동
① 젠가를 이용한 가치획득 게임

젠가는 직육면체의 블록 조각들을 쌓아서 만든 탑이 무너지지 않도록 한 조각 씩 빼낸 후 다시 맨 위에 쌓아 올리는 보드게임이다.

한국어 사용에 익숙하지 않은 참여자들이 관용, 겸손, 배려 등의 낯설고 어려운 가치 단어의 개념을 좀 더 쉽게 이해할 수 있도록 젠가 보드게임을 접목시켜 활동을 준비하였다. 구체적인 방법은 각 블록에 24가지의 가치 단어와 그 뜻을 적어놓고 블록 탑을 쌓은 후, 참여자들은 쌓아둔 탑이 무너지지 않도록 순서대로 조심스럽게 하나의 블록을 뽑아 그것에 쓰여 있는 가치에 대해 읽고 스스로 재 정의하여 이야기를 나누어 보는 것이다. 게임의 방법을 익히기 위해서 가치 단어를 적지 않은 일반 젠가로 먼저 시행해보고 난 후 이어서 가치 단어가 적힌 젠가로 본 게임을 실시할 수도 있다. 다양한 가치 단어의 개념을 먼저 이해하는 것은 이어질 인생의 가치와 직업적 가치의 탐색과정에도 매우 도움이 될 것이다. 다음 자료는 가치 단어가 적힌 젠가 게임도구를 촬영한 사진이다.

〈프로그램에서 실제로 사용한 가치단어가 적힌 젠가 게임도구〉

② 가치관 탐색하기

영상 「나의 가치」를 통해 나와 인생의 가치를 깨닫는 시간을 가졌다면 이번 활동에서는 직업적 가치에 대해 알아볼 것이다. Super(1970)는 개인이 직업을 선택할 때 얼마나 중요하게 생각하는가에 따라 일

자체가 주는 만족감과 일을 통해 얻어지는 만족감을 측정하는 요인으로 구분하였다. 이에 해당하는 6개의 가치요인은 도전감, 대인관계 만족, 심미적 관심, 경제적 안정성, 근무환경, 책임을 동반한 자율성이다. 이번 세션에서는 이러한 요인을 포함한 총 15가지의 직업 가치관 목록을 제시하여 활동을 진행하였다. 이를 통해 다양한 직업 가치관이 있음을 알고, 그 중에서 자신이 중요하게 생각하는 가치관이 무엇인가를 명료하게 인식하도록 돕는다. 이는 진로 선택에서 매우 중요한 단계이다. 또한 각자의 인생 가치가 다르듯이 직업에 부여하는 가치도 모두 다르므로 가치의 우위를 정하지 않으며 서로를 인정하고 존중해야 할 것이다. 구체적인 활동자료는 〈참여자 활동자료 6-1〉에 있다.

위 두 가지 활동을 마친 후, 이를 토대로 '내 인생의 가치관 탐색' 활동지를 완성하며 가치관 점검을 마무리 하도록 하자. 구체적인 활동자료는 〈참여자 활동자료 6-2〉에 있다.

직업 가치관 탐색

나는 직업을 선택할 때 어떤 가치를 중요하게 생각하는지 알아봅시다.

가치관 목록	나에게 중요한 정도		
	매우 중요하다	중요하다	그저 그렇다
1. 어려운 사람이나 다른 사람을 돕는다.(봉사)			
2. 다양한 활동을 하여 변화를 추구한다.(다양성)			
3. 오랜 기간 계속 일을 할 수 있다.(안정성)			
4. 안전하고 편안한 환경에서 일을 한다.(근무환경)			
5. 월급이 많다.(경제적 보상)			
6. 독창적이고 새로운 시도를 할 수 있다.(독창성)			
7. 많은 사람을 이끌고 통솔한다.(지도력)			
8. 여가 시간이 많다.(여유)			
9. 내가 스스로 선택하여 원하는 일을 한다.(자율)			
10. 여러 사람들과 더불어서 일을 한다.(협력)			
11. 나의 능력을 발휘하여 만족감을 느낀다.(성취)			
12. 우리나라 발전에 도움이 되는 일을 한다.(애국)			
13. 국제적인 명성과 인기를 얻는다.(명성)			
14. 정신적인 만족감을 느낄 수 있다.(지적추구)			
15. 많은 사람의 인정과 존경을 받는다.(인정)			

◉ 매우 중요하다고 선택한 가치관 목록을 적어보세요.

1.

2.

3.

◉ 이에 해당하는 직업으로는 어떤 것이 있을까?

내 인생의 가치관 탐색

1. 나의 가치는 무엇일까?

2. 나에게 가장 중요한 인생의 가치는 무엇일까?

3. 나에게 가장 중요한 직업적 가치는 무엇일까?

4. 나의 가치관에 따른 직업에는 무엇이 있을까?

직업 탐색 1
〈직업카드 빙고게임, 내 꿈의 변천사〉

올바른 진로선택을 위하여 자신에 대한 보다 정확한 이해 못지않게 중요한 것은 직업 세계에 대한 이해를 증진시키는 것이다. 현대 사회에 존재하는 복잡하고 다양한 일과 직업에 대한 정확한 이해가 필요하다. 과학기술의 발전은 수많은 직업을 만들어내고 있으며 계속해서 전문화되어 가는 추세이다. 이렇게 복잡한 직업 세계에서 자신에게 적합한 직업을 선택하고 성공적인 직업생활을 하는 것은 쉬운 일이 아니다. 직업사회는 하루가 다르게 변하고 있다. 즉 사회의 변화에 따라 새로 생겨난 직업이 있는가 하면, 갑자기 사라지는 직업도 있다. 또한 예전에는 사람들이 선호했던 직업이 쇠퇴하기도 하고, 반면 예전에는 사람들이 기피했던 직업이 어느 순간에 선호직업이 되어 있는 경우도 있다. 이렇듯 자신의 진로를 설계하고, 직업세계에 능동적으로 대처하려면 직업이 어떠한 방향으로 변천하고 있는지를 아는 것이 중요하다. 이번 세션의 목표는 직업카드 게임을 통해 다양한 직업을 탐색하고 직업 정보를 이해하는데 있다. 또한 시대의 생활상이 고스란히 담겨있는 직업의 변천과 더불어 자신이 좋아하거나 어른이 되면 하고 싶었던 꿈의 변천과정을 인식하는데 있다. 선정한 자료는 영상 「시대의 흐름을 읽는다. 직업 변천사」이며, 구체적인 활동으로는 150종의 청소년용 직업카드를 이용한 빙고게임을 실시하였고, 자신의 꿈의 변천사를 적어보도록 하였다. 선정 자료 및 활동에 대한 세부적인 설명은 다음과 같다.

(1) 선정 자료

① 「시대의 흐름을 읽는다. 직업 변천사 / 한국고용정보원」

선정된 자료는 한국의 직업세계의 변화에 대한 정보와 이해를 돕기 위해 한국고용정보원에서 만들어 배포한 영상자료이다. 이 영상은 한국에서 시대의 흐름에 따라 새로 생겨난 직업과 사라지는 직업이 있음을 인식시켜주고, 직업선택에 능동적으로 대처하는 자세가 필요함을 알려주기 위한 목적으로 활용하였다. 또한 참여자들이 알고 있는 직업들 중에서 지금은 사라진 직업들에 대해 이야기를 나누어보면 참여자들이 태어나고 자란 각 나라별로 다양한 직업이 생겨났다가 사라지고 있다는 것을 알 수 있으며, 이러한 직업의 변천은 각 시대의 흐름에 영향을 받는다는 것을 알 수 있을 것이다.

(2) 관련 활동

① 직업카드 빙고게임

참여자에게 150종의 청소년용 직업카드를 제시하고 이 중에서 선호하는 직업 25가지를 골라서 가로 5줄, 세로 5줄의 빙고 판을 만들도록 한다. 한 사람씩 돌아가면서 한 장의 직업카드를 골라 직업 정보를 읽고, 먼저 알아맞히는 사람이 그 다음 순으로 직업카드를 골라 읽을 수 있다. 함께 직업의 이름을 맞추면 그 직업카드를 뒤집을 수 있는데 가로, 세로, 대각선으로 3줄을 먼저 완성하는 사람이 '빙고'를 외친다. 게임을 하면서 각 직업카드에 적혀있는 정보를 통해 다양한 직업의 종류와 하는 일에 대해 알아보기 위한 목적으로 활용하였다.

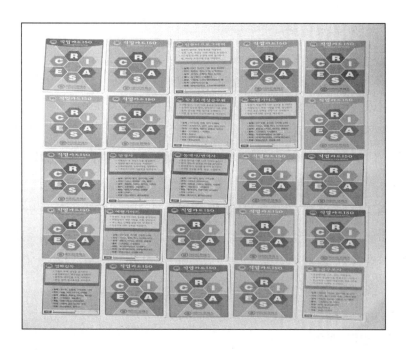

② 내 꿈의 변천사

어린 시절부터 지금까지 살아오면서 자신이 좋아하거나 어른이 되면 하고 싶었던 직업에 대해 알아보고, 이러한 직업이 시간이 지나고 나이가 듦에 따라 변화하게 된 이유에 대해서 생각해 보도록 하였다. 참여자들은 자신의 꿈 변천사를 이야기하면서 서로에 대한 깊은 이해의 시간이 될 것이다. 어떤 직업을 하고 싶었고 그 꿈을 변화 또는 포기하게 된 이유 안에는 사회적·경제적인 제약, 가정환경, 부모와의 관계와 갈등, 개인의 가치관, 능력, 흥미의 변화 등 각 개인에 대한 이해의 자료가 많이 묻어 나오기 때문이다. 치료사는 이런 점을 주의 깊게 듣고 반영, 공감, 격려 등의 반응을 적절하게 하는 것이 필요하다. 선정 자료는 〈참여자 활동자료 7-1〉에 있다.

내 꿈의 변천사

1. 어린 시절부터 지금까지 살아오면서 자신이 좋아하거나 어른이
되어 하고 싶었던 직업은 무엇인가요?

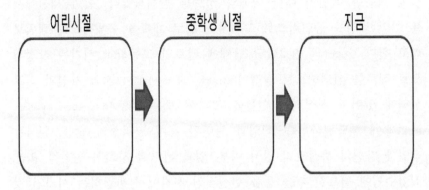

2. 왜 자신이 좋아하고, 하고 싶은 직업이 시간이 지나고 나이가
듦에 따라 변화하게 되는 것일까요? (영향을 준 인물이나 사건이 있다면
함께 적고, 변화하지 않은 경우에도 그 이유를 적어보세요)

3. 자신은 어떤 일이나 직업을 가지면 행복할 것이라 생각하나요?
그 이유도 함께 적어보세요.

제8회

직업 탐색 2
〈나의 특성을 종합한 진로계획 세우기, 미래 명함 만들기〉

지금까지는 자신의 직업적 적합성을 보다 객관적이고 현실적으로 이해하기 위해서 흥미, 적성, 성격, 가치관에 대해 알아보았고, 각 특성에 적합한 직업에 대한 이해와 정보를 탐색하였다. 이번 세션에서는 이러한 점을 종합적으로 고려하여 진로 계획을 구체적으로 세워보려고 한다. Super의 진로발달 단계에 따르면 고등학교 시기는 잠정적으로 진로를 선택해보는 잠정기(tentative substage, 15~17세)와 자신의 진로선택에 있어서 현실적 요인들을 고려해 보는 전환기(transition substage, 18~21세)에 해당된다. 즉, 직업과 관련된 흥미와 적성의 발견, 원하는 직업과 자신의 특성과의 일치 여부, 일과 관련된 사회적·심리적 요인, 직업수행에 필요한 기술 등을 현실적인 시각에서 판단하는 시기인 것이다. 그러기 위해서는 학생들에게 자신의 삶의 방향 및 그것을 위한 구체적인 경로들에 대해서 생각해 볼 수 있는 기회를 제공해야 한다. 이번 세션의 목표는 2030년 미래사회의 특징을 파악하고 미래의 직업세계의 변화를 예측해 보는 시간을 갖는 것이다. 또한, 자신의 특성(흥미, 적성, 성격, 가치관)을 종합하여 정리하고 이를 바탕으로 자율적으로 자신의 진로를 계획하고 준비할 수 있는 기회를 제공하려고 한다. 더불어 미래 직업의 명함을 만들어보는 활동을 통해 앞으로 무엇을 해야 하는지 자신의 꿈을 구체화하고 이미지화 시키려고 한다. 선정한 자료는 영상 드라마 「미리 가본 2030년, 누리는 미래」와 공익광고 「10년 후의 명함」이며, 구체적인 활동으로는 자신의 특성(흥미, 적성, 성격, 가치관)을 종합한 진로계획을 세우고, 미래 명함을 만들어 보았다. 선정 자료 및 활동에 대한 세부적인 설명은 다음과 같다.

(1) 선정 자료

① 「미리 가본 2030년, 누리는 미래 / 과학기술부」

본 영상자료는 과학기술부가 '과학기술예측조사(2005~2030)' 결과와 '미래국가유망기술 21'을 토대로 기획한 자료로, 나노 소재기술, 가사 도우미 로봇, 원격학습 시스템 등 미래사회에 개발되어 널리 사용될 유망기술과 직업 세계를 드라마 형식으로 보여준다. 단지 허구나 상상으로 만들어진 가상 드라마가 아닌 실제 개발되고 상용화를 준비하는 과학기술을 토대로 만들어진 드라마이므로, 이 영상을 통해 가까운 2030년의 미래사회를 예측해 볼 수 있을 것이다. 이 외에도 예측 가능한 미래사회의 특징으로 로봇산업과 우주산업의 발달, 환경의 중요성이 커지고 여가시간이 늘어나며 사람들의 수명이 길어지고 있다는 점이 있다. 이와 관련하여 2030년 즈음 우리의 미래사회에 어떤 직업이 사라지고 또 새롭게 생겨나 각광받을 것인지 예측하여 이야기를 나누어보는 것도 진로 탐색, 직업 탐색의 과정에 도움이 될 것이다.

② 「10년 후의 명함 / 한국방송광고공사」

이 영상은 정체성의 혼란을 겪고 있는 청소년들에게 꿈과 희망을 주며, 긍정적인 시각을 가지고 자신에게 열려있는 무한한 가능성을 인식할 수 있도록 도움을 주기위해 선정한 자료이다. 영상을 보면, 노력하며 땀 흘리는 현재의 모습과 자신의 미래를 나타내는 명함을 대비시켜서 '지금 나는 무엇을 하고 있는가?'에 대해 생각해 볼 수 있도록 하였다. "지금 흘리는 땀이 10년 후 나의 명함이 됩니다." 마지막 영상의 메시지를 통해 나는 무엇을 위해서 땀을 흘리고 열정을 쏟고 있는지 이야기를 나누어 보고, 이어진 활동으로 미래 명함을 다양하게 구상하여 직접 만들어보도록 하였다.

(2) 관련 활동

① 나의 특성을 종합한 진로계획 세우기

흥미, 적성, 성격, 가치관 등의 자신의 개인별 심리적 특성을 이해하고, 이를 직업적 특성과 연결 지은 결과를 정리하여 꿈을 이루기 위해서 무엇을 해야 할지 진로계획을 세워 보려고 한다. 또한 그 동안 직업 탐색과정에서 도전해 보고 싶은 새로운 직업이 생겼다면 그 이유를 함께 이야기를 해 보는 것도 좋은 방법이다. 자신의 변화와 환경의 변화로 인해 흥미유형이 달라질 수 있기 때문이다. 마지막으로 직업이 자신에게 주는 의미가 무엇인지를 생각하고 진로에 대한 변화 가능성과 장기적인 안목을 가질 필요가 있다. 구체적인 활동자료는 〈참여자 활동자료 8-1〉에 있다.

② 미래 명함 만들기

미래 명함 만들기는 하고 싶은 직업을 설계하고 이를 시각적인 이미지로 구체화하는 작업이다. 명함의 뒷면에는 자신의 이력을 함께 기록하도록 하였는데, 학교 진학, 자격 활동, 쌓을 경력 등을 나열하며 구체적인 계획을 함께 세워볼 수 있다. 자신이 상상하던 직업의 꿈을 명함으로 제작하면서 단순한 직업 선택의 의미를 넘어 행복한 인생을 설계하고 진지하게 고민하는 시간이 되도록 하자. 명함의 형태는 참여자들이 자유롭게 선정하도록 하여 기존의 사각형태의 틀을 벗어나 각자의 참신한 아이디어와 개성을 살리도록 격려해 보자. 다음 자료는 참여자들이 제작한 미래명함을 촬영 한 사진이다.

나의 특성을 종합한 진로계획서

특성요인	유형 및 어울리는 직업
진로탐색검사	
인생의 가치	
직업적 가치관	
꿈의 변천사	
새롭게 도전하고 싶은 직업과 그 이유는?	직업 : 그 이유:
직업이 나에게 주는 의미는?	
나의 꿈을 이루기 위해서 무엇을 해야 할까?	1. 2. 3.

나의 최종 진로 목표와 직업정보

직업명 :

관련학과 :
하는 일 :
되는 길 :
관련자격/훈련기관 :
직업선택 시 예상되는 어려움과 대처 방안
진로탐색 후 소감

긍정적인 미래 설계
〈S. M. A. R. T 한 목표 세우기 10년 후의 나, 미래 상상 인터뷰(20문 20답)〉

"10년 후 나는 어떻게 변해 있을까? 나는 내 삶에 얼마나 만족하고 있을까?" 이런 질문을 자신에게 던져 보거나 상상해 본 적이 있는가? 10년이면 강산이 변한다는 말이 있듯이 10년이라는 시간동안 자신의 모습이나 사고방식, 생활습관, 사회적·경제적인 환경 등은 변화된 새로운 모습으로 우리 앞에 펼쳐질 것이다. 그러나 자신이 걸어가야 할 길을 명확하게 인식하고 준비하여 나아가는 사람과 진로를 정하지 못하고 방황하거나 막연한 불안감에 쌓여있는 사람의 10년 후의 모습은 확연히 다를 것이다. 10년 후의 나의 모습은 지금의 나로부터 시작되고 내가 선택하고 설계하는 계획에 따라 변화하게 된다. 그러므로 자신이 원하는 삶의 주인으로 살고 싶다면 지금 꿈꾸는 꿈과 희망, 목표를 신중하게 고민하고, 계획을 세워가며 차근차근 준비할 필요가 있다. 이번 세션의 목표는 직업을 포함한 자신의 미래를 구체적으로 설계하는 방법을 익히고 난 후, 긍정적인 목표를 설정하고 실천이 가능한 계획을 세울 수 있도록 격려하고 돕는데 있다. 선정한 자료는 도서 「10년 후」와 시 「가지 않은 길」이며, 구체적인 활동으로는 'S, M, A, R, T'한 목표를 세우는 방법 익히기와 10년 후의 자신이 경험할 긍정적인 미래를 상상하여 인터뷰를 하는 것이다. 선정 자료 및 활동에 대한 세부적인 설명은 다음과 같다.

(1) 선정 자료
① 「10년 후 / 그레그 S. 레이드 글, 안진환 옮김 / 해바라기」
아버지가 없는 오스카는 자신의 삶을 긍정적인 방향으로 이끌어 줄 멘토를 만나게 된다. 오스카 앞에 나타난 로이는 한 달에 한 두

번씩 만날 때마다 성공의 지침이 되는 말과 카드를 한 장씩 건네주는데, 오스카는 카드에 적힌 말을 자신의 상황에 맞추어 생각하고 실천하며 살아간다. 그리고 로이가 자신에게 그랬던 것처럼 자신도 한 아이의 멘토가 된다는 스토리이다. 그레그 S. 레이드는 긍정적인 태도를 바탕으로 한 결단력이야말로 인생에서 가장 큰 힘을 발휘한다고 말하며, 자신을 믿고 목표에 집중하며 더불어 다른 사람을 도와준다면 인생에서 무엇이든 이룰 수 있다고 말한다. 로이가 오스카에게 제시한 성공카드 중 목표설정과 관련된 일부의 카드를 선정하여 읽고 참여자들은 자신의 경험과 느낌을 이야기하는 시간을 가져보았다. 구체적인 활동자료는 〈참여자 활동자료 9-1〉에 있다.

② 「가지 않은 길 / 로버트 프로스트 지음, 손혜숙 옮김 / 창비」

인생은 두 갈래 길이 있다. 즉 내가 선택한 길과 선택하지 않은 길로 나누어 볼 수 있으며 끝나지 않은 '선택'의 연속선상에서 우리는 삶을 살아가고 있다. 그 때마다 신중하게 고민하여 올바른 선택을 하였다고 말하지만 만족하여 미소를 짓는 횟수만큼이나 크고 작은 후회와 미련을 갖게 된다. 그리고 그런 선택들이 모여서 지금까지의 삶을 이루었다. 영국 시인인 존 밀턴은 '인간은 어떤 선택을 해도 만족감 없이 후회하기 마련이며, 성공이란 이미 한 후회를 극복하는 것'이라고 하였다. 자신이 가지 않은 길을 바라보며 후회하지 않으려면 지금, 자신이 선택한 길에 최선을 다하는 것이 중요하다. 자신이 걷고 있는 그 길의 가치를 아는 자만이 길을 걷는 동안 내내 웃을 수 있을 것이기 때문이다. 로버트 프로스트(Robert Frost)는 사람이 적게 간 길을 택하였고 그로 인해 모든 것이 달라졌다고 이야기하였다. 그러나 어떤 길이 더 나은가에 대한 우열을 가려놓지 않았다. 이는 지극히 개인의 몫이다. 이 시는 자신이 걸어 온 길에 대한 만족, 아쉬움과 앞으로 걸어가야 할 길에 대한 선택의 가치를 찾아가는데 도움을 주기 위한 목적으로 활용하였다. 구체적인 활동자료는 〈참여자 활동 자료 9-2〉에 있다.

(2) 관련 활동

① 'S, M, A, R, T'한 목표 세우기

목표 설정을 위한 S, M, A, R, T 법칙이 있다. 이 법칙은 조지 도 란(George T. Doran)의 방법론으로 성공적인 프로젝트를 위한 요소들의 약자이다. 목표는 무엇을 달성하려 하는지 명확하고 구체적으로 세워 야 하며(Specific), 목표를 이룬 성취도가 측정할 수 있는 것이어야 하 며(Measurable), 목표는 자신의 능력을 고려하여 달성 가능해야 하며 (Achievable), 또한 현실적으로 자신의 상황에서 실현 가능한 것인지 (Realistic)를 고려하며, 정해진 시간 내에 달성할 수 있도록 구체적인 마감 기간을 정해야한다(Time-bounded). 이제 자신이 세운 목표가 스마 트법칙에 맞는지를 따져보자. 추구할 만한 가치가 있는 목표인지, 수 정해야하는 것인지 이 요건에 맞춰 점검해 보자. 스마트에 가까우면 가까울수록 성공할 가능성은 그 만큼 커진다는 것을 기억할 필요가 있다. 구체적인 활동자료는 〈참여자 활동자료 9-3〉에 있다.

② 10년 후의 나, 미래 상상 인터뷰(20문 20답)

이전 세션에서 자신에 대한 이해와 직업세계에 대한 이해를 통해 진로를 탐색하고, 'S, M, A, R, T'한 방법으로 목표를 설정했다면 10년 후의 자신은 과연 무엇을 하고 있을까 상상해보자. 삶의 만족도, 직 업의 선택, 직업에 대한 적응도 등 10년 후의 자신이 경험할 미래를 상상하여 인터뷰를 하는 것이 '미래상상 인터뷰'이다. 참여자 두 명이 짝을 지어 서로를 인터뷰하는 방식으로 진행하며, 각 질문을 던진 후에는 상대방이 생각하여 대답할 수 있는 충분한 시간을 줄 필요가 있다. 이는 자신의 삶에 대해 진지하게 고민하는 시간을 주기 위한 것으로, 질문에 대답을 하는 과정은 지난 삶에 대한 성찰의 기회가 될 것이며 미래의 삶에 대한 긍정적인 설계와 책임감을 느끼는 시간이 될 수 있기 때문이다. 구체적인 활동자료는 〈참여자 활동자료 9-4〉에 있다.

성공 카드

누구에게나 '꿈'이 있습니다. 그러나 모든 꿈이 이루어지는 것은 아닙니다.

여러분의 꿈은 무엇입니까? 그 꿈을 이룰 준비는 되어 있습니까?

여러분의 꿈을 이루는데 힘이 되어줄 카드를 고른 후, 그 느낌을 나누어봅시다.

꿈은 날짜와 함께 적어 놓으면 그것은 목표가 되고, 목표를 잘게 나누면 그것은 계획이 되며,
그 계획을 실행에 옮기면 꿈은 실현되는 것이다.

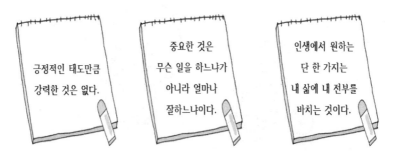

「10년 후 中에서 / 그레그 S. 레이드」

가지 않은 길

로버트 프로스트

노란 숲 속에 길이 두 갈래로 났었습니다.
나는 두 길을 다 가지 못하는 것을 안타깝게 생각하면서,
오랫동안 서서 한 길이 굽어 꺾여 내려간 데까지,
바라다볼 수 있는 데까지 멀리 바라다보았습니다.

그리고 똑같이 아름다운 다른 길을 택했습니다.
그 길에는 풀이 더 있고 사람이 걸은 자취가 적어,
아마 더 걸어야 될 길이라고 나는 생각했었던 게지요.
그 길을 걸으므로, 그 길도 거의 같아질 것이지만.

그 날 아침 두 길에는
낙엽을 밟은 자취는 없었습니다.
아, 나는 다음 날을 위하여 한 길은 남겨 두었습니다.
길은 길에 연하여 끝없으므로
내가 다시 돌아올 것을 의심하면서…….

훗날에 훗날에 나는 어디선가
한숨을 쉬며 이야기할 것입니다.
숲 속에 두 갈래 길이 있었다고,
나는 사람이 적게 간 길을 택하였다고,
그리고 그것 때문에 모든 것이 달라졌다고

「가지 않은 길 / 로버트 프로스트 지음, 손혜숙 옮김 / 창비」

(   )의 S.M.A.R.T한 목표

〈S.M.A.R.T한 목표를 세우는 방법〉

Specific : 목표는 무엇을 달성하려 하는지 구체적으로

    ex) 영어성적을 올리겠다.(×)

    기말고사에서 영어성적을 80점 이상 올리겠다.(O)

Measurable : 목표는 측정할 수 있어야

    ex) 살을 뺄 것이다.(×)

    1개월에 1kg씩 감량해서 5개월 후에는 총 5kg을 감량하겠다.(O)

Achievable : 목표는 자신의 능력을 고려하여 달성 가능한 것으로

    ex) 친절한 사람이 된다.(×)

    매일 만나는 이웃들에게 웃는 얼굴로 인사를 하겠다.(O)

Realistic : 목표는 현실적으로, 자신의 상황에서 가능한 것인지

    ex) 수학문제집 한 권 끝내기.(×)

    매일 하루 2시간씩 수학문제집을 풀겠다.(O)

Time-bounded : 정해진 시간 내에 달성할 수 있도록 구체적인 마감 기간을 정해라

    ex) 수영을 배우겠다.(×)

    여름방학동안 주3일 수영장을 다니며 수영을 배우겠다.(O)

− 실행하기 −

Specific :

Measurable :

Achievable :

Realistic :

Time−bounded :

10년 후의 나, 미래 상상 인터뷰(20문 20답)

번호	질문
1	이름은?
2	현재 직업은?
3	만약 직업을 바꾼다면?
4	자신의 장점?
5	자신의 단점?
6	자신의 외모에 대한 생각은?
7	자신이 가장 멋있을 때는?
8	지금 자신이 존경하는 사람은?
9	좋은 사람을 평가하는 기준은?
10	지금까지 살아오면서 가장 후회스러운 일은?
11	지금까지 살아오면서 가장 만족스러운 일은?
12	자신이 생각하는 불행이란?
13	자신이 생각하는 행복이란?
14	자신을 가장 슬프게 하는 것은?
15	자신을 가장 기쁘게 하는 것은?
16	나의 소중한 보물은?
17	아직 갖지 못한 것이 있다면?
18	아직 이루지 못한 꿈이 있다면?
19	내일 지구가 끝난다면?
20	다시 20년 전으로 돌아간다면?

제10회 프로그램 종결
〈진로 다이어리 만들기, 꿈을 응원하는 롤링페이퍼, 소감문 작성〉

 이번 세션은 프로그램을 종결하는 단계로 그동안 진로탐색과정에서 다루어진 내용들을 다시 한 번 살펴보며 진행되는 과정에서 나타난 참여자들의 변화(내적·외적인 변화)에 대한 평가와 목표 달성의 정도를 점검하게 된다. 또한 프로그램 종결에 대해 참여자들 각자가 느끼는 다양한 정서에 대해서도 다루어져야 한다. 참여자가 느끼는 해결되지 않은 진로 문제가 있다면 종결에 대한 불안감을 가질 수 있으므로 이를 확인하여 참여자 스스로 해결할 수 있다는 자신감과 어떻게 효과적인 진로 행동을 취해야하는지에 대해 미리 점검을 해야 한다. 때로는 참여자의 어려움이 확인되는 경우에 추수지도가 진행될 수 있다. 이렇게 진로에 대한 고민은 끊임없이 새로 생겨나기 때문에, 초기 진로 탐색과정에서 자기 이해와 직업세계에 대한 이해가 충분히 이루어진 경우에는 각각의 문제에 직면할 때마다 잘 적응하고 해결해 나갈 수 있다는 것을 다시 한 번 상기시켜줄 필요가 있다. 이번 세션의 목표는 자신의 꿈, 목표, 계획을 적어 놓을 진로 다이어리를 직접 만들어 보고, 서로의 소중한 꿈들이 이루어지기를 응원하는 편지를 주고받으며 진로 탐색의 과정을 마무리하는데 있다. 선정한 자료는 도서 「하늘을 날고 싶은 아기 새에게」이며, 구체적인 활동으로 진로 다이어리 만들기, 꿈을 응원하는 롤링페이퍼 돌리기, 소감문 작성하기를 하였다. 선정 자료 및 활동에 대한 세부적인 설명은 다음과 같다.

(1) 선정 자료

① 「하늘을 날고 싶은 아기 새에게 / 피르코 바이니오 글·그림,
이상희 옮김 / 토토북」

알에서 갓 깨어난 아기 새는 하늘을 빨리 날고 싶어서 다양한 시
도를 한다. 때로는 넘어지고, 실패하고, 다칠까봐 겁을 내기도 하고,
다른 사람을 관찰하며 배우는 등 이러한 작은 움직임에 어린 새가
꿈을 꾸며 성장하는 과정들이 세밀하게 표현되어있다. 비록 어리고
서툴지만 날고 싶은 꿈을 향해 연신 가냘픈 날갯짓을 하는 아기 새
의 모습에서 참여자들은 자신의 모습을 발견하게 될 것이다. 그리고
"응원할게, 멋지게 날아오를 너의 내일을!" 이 아름다운 성장을 응원
하는 따뜻한 한 마디에서 희망과 도전의 힘을 얻게 될 것이다.

(2) 관련 활동(×)

① 진로 다이어리 만들기

자신의 꿈, 목표, 계획을 적어 놓을 진로 다이어리를 만들어 보자.
먼저 진로 다이어리의 필요성에 대해 이야기를 나눈 후 실용 북 아
트 기법을 활용하여 참여자들이 다이어리를 직접 제작해 보는 시간
을 가졌다. 완성한 진로 다이어리는 참여자 각자의 의도에 따라 다양
하게 꾸미고 활용될 수 있다. 자신의 꿈과 관련된 그림이나 사진을
붙이기도 하고 이전 세션에서 만든 미래 명함을 보관하기도 한다. 꿈
일기를 매일 매일 쓰거나 꿈 목록을 작성하며 'S, M, A, R, T'한 목표
를 이루기 위하여 자신이 얼마만큼의 시간과 노력을 기울이고 있는지
를 확인하고 반성하는 자료로도 활용될 것이다.

② 꿈을 응원하는 롤링 페이퍼

선정 도서를 읽고 나서 활동으로 참여자들에게 자신의 모습과 가
장 닮은 어린 새의 이미지를 고르게 한 후, 자신의 모습과 연결 지어

이야기를 하도록 이끌어보자. 진흙에 빠져 발을 빼려고 발버둥치는 모습, 잔뜩 겁을 먹은 채 착지를 시도하는 모습, 비록 느리지만 한발 한발 목표를 향해 나아가는 어린 새의 모습에서 현재의 자신과 닮은 꼴을 찾아낼 것이다. 어린 새와 자신의 모습을 동일시하는 과정에서 스스로에게 용기를 북돋워 주는 말을 하도록 유도하고, 다른 참여자들에게 서로의 꿈을 응원하는 편지를 쓰도록 격려한다. 구체적인 활동자료는 〈참여자 활동자료 10-1〉에 있다.

③ 소감문 쓰기
참여자가 프로그램에 참여하면서 느낀 만족도를 알아보고 효과를 검증하기 위하여 소감문을 작성하도록 한다. 소감문에 적힌 질적 평가를 근거로 프로그램의 보완점을 파악하여 프로그램의 전반적인 질을 높이기 위한 목적이 있다. 구체적인 활동자료는 〈참여자 활동자료 10-2〉에 있다.

꿈을 응원하는 롤링 페이퍼

멋진 꿈을 꾸는
나의 소중한 친구
_____에게
응원의 편지를
보냅니다.

소감문

총 10회기의 독서치료 프로그램에 참여하면서 느낀 점에 대해 적어주세요.

1. 프로그램 활동 중에서 가장 기억에 남는 것은 무엇인가요?

2. 프로그램 내용 중에서 자신에게 가장 도움이 되었던 부분은 무엇인가요? (구체적으로 적어주세요)

3. 프로그램에 참여하면서 아쉬웠던 부분은 무엇인가요?

4. 독서치료 프로그램에 참여한 소감을 간단하게 적어주세요.

부록

청소년 대상
추천도서 목록

필자는 독서치료전문가로 활동을 하면서 상황별 적정 도서에 대해 정리해 둔 목록이 있냐는 질문을 자주 받는다. 하지만 어떤 한 사람에게 도움이 된 책이 다른 사람에게도 똑같은 측면에서 동일한 수준의 도움을 줄 수 있다는 보장은 없다. 따라서 목록은 없고, 전문가가 아닌 사람들로 인해 잘못 사용되는 것을 원하지 않기 때문에 만들 계획도 없다는 답을 한다.

그런데 발달적인 측면의 독서치료에서는 예방을 중요한 목적과 가치로 여긴다. 그래서 예방의 측면으로 활용을 한다면 크게 무리가 없을 듯 싶다는 생각과, 그동안 많은 요청을 하신 분들의 성원에도 조금이나마 보답을 하려는 의도라는 자기 합리화를 하면서 추천도서 목록을 작성해 보았다. 그러나 여전히 이 목록에 담긴 책들은 필자들(휴독서치료연구소의 소장 및 연구원들)의 주관에 의한 선택이었고, 비록 포함이 되지 않았더라도 가치가 있는 책은 얼마든지 많이 있음을 강조하고 싶다. 이는 목록을 넘어 더 좋은 책을 찾고자 하는 노력이야말로 청소년들을 돕고자 하는 마음을 갖고 계신 모든 어른들이 지속적으로 하셔야 할 일이라는 뜻이다.

다음의 목록에는 그림책, 동화, 청소년소설, 시, 만화 등 다양한 장르의 작품들 333권이 담겼다. 제시된 작품들은 독서치료 장면에서 한 번 이상 활용을 하며 효과를 검증한 것이고, 필자 및 연구원들 대부분이 직접 읽고 감동을 느끼고 통찰까지 한 것들이다.

목록에 선정된 도서의 제시는 장르의 구분 없이 제목의 ㄱㄴㄷ순이며, 내용은 '제목', '대표 저자', '출판사'의 순서이다. 다만 담긴 주제가 무엇이고 어떤 장면에서 활용을 했는지에 대한 설명은 생략하는 등 정보를 최소화했다. 이는 직접 책을 찾아 읽어보셨으면 하는 바람이자, 한 권의 책이 담고 있는 주제가 다양하므로 여러 장면에서 활용할 수 있기 때문이다.

【ㄱ·ㄲ】

가족입니까 / 김해원 / 바람의 아이들
가시소년 / 권자경 / 리틀씨앤톡
갈매기에게 나는 법을 가르쳐준 고양이 / 루이스 세뿔베다 / 바다출판사
감옥에서 쓴 편지 / 장 프랑수아 샤바스 / 바람의 아이들
강낭콩 / 에드몽드 세샹 / 분도
걱정의 반대말 / 벤니 린데라우프 / 창비
구덩이 / 루이스 쌔커 / 창비
개같은 날은 없다 / 이옥수 / 비룡소
개님전 / 박상률 / 시공사
개를 훔치는 완벽한 방법 / 바바라 오코너 / 다산북스
거울 속으로 / 이수지 / 비룡소
겨울, 블로그 / 강미 / 푸른책들
고래가 보고 싶거든 / 줄리 폴리아노 / 문학동네
고3의 완벽한 휴가 / A. J. 베츠 / 뜨인돌
괴담 / 방미진 / 문학동네
그 집 이야기 / 로베르토 인노첸티 / 사계절
그곳에는 / 마리 루이즈 피츠패트릭 / 열린책들
그래도 괜찮아 / 안오일 / 푸른책들
그림자너머 / 이소영 / 글로연
그 사람을 본 적이 있나요 / 김려령 / 문학동네
그 여름의 가출 일기 / 기타가와 아스시 / 르네상스
기타 보이 / M. J. 아크 / 낮은산
까마귀와 샘 / 앰벌린 콰이물리나 / 마루벌
까칠한 재석이가 돌아왔다 / 고정욱 / 애플북스
까칠한 재석이가 사라졌다 / 고정욱 / 애플북
꼴찌들이 떴다 / 양호문 / 비룡소
꽃 그늘 환한 물 / 정채봉 / 길벗어린이
꽃들에게 희망을 / 트리나 폴러스 / 시공주니어
꽃 한 송이가 있었습니다 / 사이드 / 베틀북
꿈을 찾아주는 내비게이터 / 정효경 / 마리북스

꿈꾸는 곰 티모 / 게르다 바게너 / 비룡소
끈기 짱 거북이 트랑퀼라 / 미하엘 엔데 / 보물창고

【ㄴ】

모든 일의 발단은 고양이 / 질 맥클린 / 뜨인돌
모베러 블루스 / 재수 / 애니북스
못된 장난 / 브리기테 블로벨 / 푸른숲
무슨 일이든 다 때가 있다 / 레오 딜런 / 논장
문제아 보고서 / 박완이 / 푸른책들
뭘 해도 괜찮아 / 이남석 / 사계절
매듭을 묶으며 / 빌 마틴 주니어 / 사계절
미래생활사전 / 페이스 팝콘 / 을유문화사

【ㅂ·ㅃ】

반이나 차 있을까 반밖에 없을까 / 이보나 흐미엘레프스카 / 논장
발로 차주고 싶은 등짝 / 와타야 리사 / 황매
방과 후 전쟁활동 1·2 / 하일권 / 재미주의
방관자 / 제임스 프렐러 / 미래인
버림받은 성적표 / 고등학생 81명 / 보리
벼랑 / 이금이 / 푸른책들
불균형 / 우오즈미 나오코 / 우리교육
불량가족 레시피 / 손현주 / 문학동네
불량소년의 꿈 / 요시이에 히로유키 / 양철북
불량 아이들 / 조재도 / 작은숲
빨간 나무 / 숀 탠 / 풀빛
브렌디는 사춘기 / 메리 터커 / 제삼기획
블루시아의 가위 바위 보 / 김중미 / 창비

【ㅅ·ㅆ】

사람놀이 / 키무라 유이치 / 시공주니어
사춘기, 그놈 / 세실리아 에우다베 / 푸른숲
살아 있는 모든 것은 / 브라이언 멜로니 / 마루벌
삶의 의미 / 오스카 브르니피에 / 미래i아이
삼봉 이발소 1-3 / 하일권 / 소담출판사
상큼하진 않지만 / 김학찬 / 문학동네
새들은 새장 안에서도 노래한다 / 마크 잘즈만 / 푸른숲
새들이 보는 것 / 소냐 하트넷 / 돌베개
새로운 엘리엇 / 그레이엄 가드너 / 생각과느낌

【ㅇ】

저스트 어 모멘트 / 이경화 / 토토북
적 / 다비드 칼리 / 문학동네
조용한 식탁 / 이병승 외 / 삶창
종이봉지 공주 / 로버트 먼치 / 비룡소
주니어 지식채널 ⓔ 1 / EBS 지식채널 ⓔ / 지식채널
주먹을 꼭 써야 할까? / 이남석 / 사계절
중학교 1학년 / 수지 모건스턴 / 바람의아이들
중학생 여러분 / 이상운 / 바람의아이들
지금 이 시간은 / 윤여림 / 웅진다책
지독한 장난 / 이경화 / 대교출판
지하 정원 / 조선경 / 보림
직녀의 일기장 / 진아리 / 현문 미디어
찢어, jean / 문부일 / 푸른책들

【ㅊ】

차이니즈 신데렐라 / 애덜라인 옌 마 / 비룡소
천 개의 언덕 / 한나 얀젠 / 비룡소
철인 3종 삼총사 / 세키구치 히사시 / 미래인
천둥치는 밤 / 미셸 르미유 / 비룡소
철수는 철수다 / 노경실 / 크레용 하우스
첫 키스는 사과 맛이야 1-2 / 고운기·박경장 / 다산북스
청소년 부의 미래 / 앨빈 토플러 / 청림출판
총을 거꾸로 쏜 사자 라프카디오 / 쉘 실버스타인 / 시공주니어
충분히 아름다운 너에게 / 쉰네 순 뢰에스 / 시공사
친구가 되기 5분 전 / 시게마츠 기요시 / 푸른숲
친구가 필요하니? / 헬메 하이네 / 중앙출판사

【ㅋ】

카스테라 / 박민규 / 문학동네
커다란 나무 / 레미 쿠르종 / 시공주니어
컴온, 졸라 / 홍양순 / 실천문학사
켈리에게 햇살을 / 프리실라 커밍스 / 주니어 김영사
쿠키 한 입의 인생 수업 / 에이미 크루즈 로젠탈 / 책읽는곰
키싱 마이라이프 / 이옥수 / 블루픽션

【ㅌ】

토끼들의 섬 / J. 슈타이너 / 비룡소

【ㅍ】

판타스틱 걸 / 김혜정 / 비룡소
팔려가는 당나귀 / 브라이언 와일드 스미스 / 비룡소
포인트 스토리 / 강우현 / 여성신문사
포포와 토슈즈 공장의 비밀 / 김세라 / 하다
폭풍을 불러온 나비 / 로저 본 / 다섯수레
폴리나 / 바스티앙 비베스 / 미메시스
프렌즈 / 신지영 / 북멘토

【ㅎ】

하늘을 날고 싶은 아기 새에게 / 피르코 바이니오 / 토토북
하마 아가씨 올리 닐의 행복한 색깔 찾기 / 베아테 쇼버 / 대성닷컴
하이킹 걸즈 / 김혜정 / 비룡소
행복을 파는 남자 / 구사바 가즈히사 / 책과콩나무
행복한 청소부 / 모니카 페트 / 풀빛
황금률 / 아일린 쿠퍼 / 두레아이들
힐링 멘토 / 오선화 / 틔움

【기타】

14살 마음의 지도 / 노미애 / 북멘토
17세 / 이근미 / 미래인
101마리 올챙이 / 가코 사토시 / 내인생의책
3단 합체 김창남 1-3 / 하일권 / 학산문화사

글쓴이 소개

■ 임성관

선생님은 한국사이버정보대학원, 중앙대학교 교육대학원 사서교육전공 석사, 서울불교대학원대학교 상담심리전공 석사, 경기대학교 일반대학원 문헌정보학과 박사를 졸업하셨습니다. 한국독서치료학회 및 숙명여자대학교에서 독서치료 과정을 1기로 수료한 뒤 2004년부터 휴독서치료연구소를 세워 운영을 하고 있으며, 경기대학교 교육대학원 및 나사렛대학교, 숭의여자대학에서는 학생들을 가르치고 있기도 합니다. 그밖에 안양과천교육지원청, 평택교육지원청, 동두천양주교육지원청, 경기도립성남도서관, 인천화도진도서관, 고양아람누리도서관, 인천가좌중학교 등에서는 독서치료 및 독서코칭 강좌를, 성남시알코올상담센터 및 서울남부교도소, 성남금융고등학교 등에서는 집단 독서치료 프로그램을 운영하고 있습니다.

저서로는 『책과 함께하는 마음 놀이터 1-4』, 『노인을 위한 독서치료』, 『성인을 위한 독서치료 1』, 『(개정판) 독서치료 수퍼비전의 실제』, 『독서치료의 모든 것』, 『독서치료에서의 문학작품 활용』 등 총 22권이 있으며, 논문으로는 「읽기 부진아를 위한 독서치료 프로그램 연구」, 「독서치료 효과에 관한 실행 연구」 등 다수가 있습니다.

■ 김은하

선생님은 백석대학교 상담대학원에 재학 중입니다. 대학교에서는 국어국문학을 전공하고 특수교육을 부전공 하였으며, 아동 및 청소년과 연계된 프로그램을 진행해 왔습니다. 현재 휴독서치료연구소 연구원으로 활동하며 성남중앙도서관 및 광주중학교, 광남중학교, 안양소년원 등에서 독서치료사로 활동하고 있습니다.

■ 이연실

선생님은 대학에서 국문학을 전공했으며, 현재 휴독서치료연구소 연구원으로 활동하고 있습니다. 특히 장애아동과 청소년을 관심 대상으로 두며, 그들을 위한 프로그램 개발과 활동에 주력하고 있습니다.

■ 이환주

선생님은 간호사로 12년간 근무하다가 2012년부터 한국방송통신대학교 교육학과에 재학 중이며, 휴독서치료연구소 연구원으로 활동하고 있습니다. 아동 및 청소년, 특히 다문화가정의 청소년을 관심 대상으로 두며, 그들을 위한 자아존중감, 정서인식 및 조절, 진로탐색을 위한 프로그램 개발과 활동에 주력하고 있습니다.

대상별 독서치료 시리즈 3

청소년을 위한 독서치료 ❷

▶

초 판 발 행 │ 2014년 9월 5일
초 판 4쇄 │ 2019년 4월 15일
저   자 │ 임성관·김은하·이연실·이환주
펴 낸 이 │ 권 호 순
펴 낸 곳 │ 시간의물레
인   쇄 │ 대명제책사

▶

등   록 │ 2004년 6월 5일
주   소 │ (04178)서울시 마포구 마포대로 4다길 3, 1층
전   화 │ (02)3273-3867, 070-8808-3867
팩   스 │ (02)3273-3868
전자우편 │ timeofr@naver.com
블 로 그 │ http://blog.naver.com/mulretime
홈페이지 │ http://www.mulretime.com

▶ ISBN 978-89-6511-047-7 (시리즈)
▶ ISBN 978-89-6511-096-5 (94020)

정가 28,000원
ⓒ 임성관 외 2014